マーケティングコミュニケーションのファネルマップ

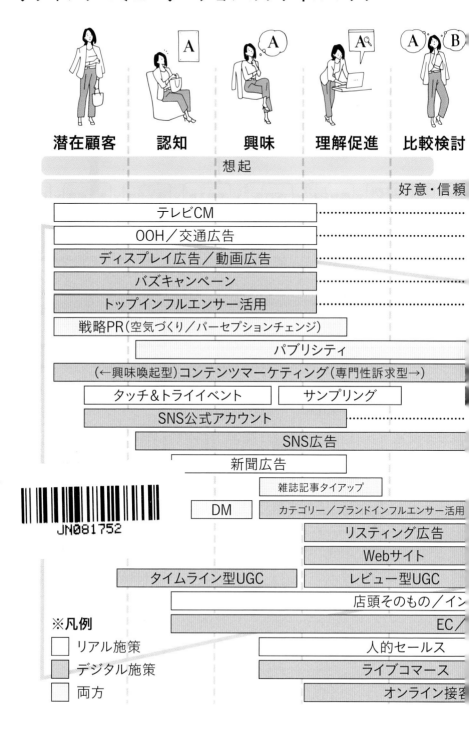

| 潜在顧客 | 認知 | 興味 | 理解促進 | 比較検討 |

想起

好意・信頼

- テレビCM
- OOH／交通広告
- ディスプレイ広告／動画広告
- バズキャンペーン
- トップインフルエンサー活用
- 戦略PR（空気づくり／パーセプションチェンジ）
- パブリシティ
- （←興味喚起型）コンテンツマーケティング（専門性訴求型→）
- タッチ&トライイベント　　サンプリング
- SNS公式アカウント
- SNS広告
- 新聞広告
- 雑誌記事タイアップ
- DM　　カテゴリー／ブランドインフルエンサー活用
- リスティング広告
- Webサイト
- タイムライン型UGC　　レビュー型UGC
- 店頭そのもの／イン
- EC／
- 人的セールス
- ライブコマース
- オンライン接客

JN081752

※凡例
- □ リアル施策
- ▨ デジタル施策
- □ 両方

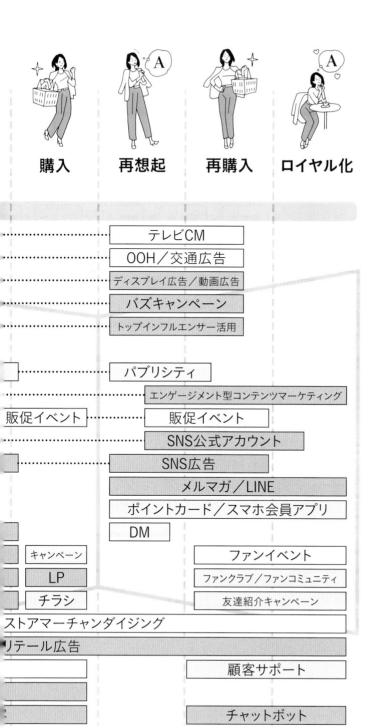

| 購入 | 再想起 | 再購入 | ロイヤル化 |

テレビCM

OOH／交通広告

ディスプレイ広告／動画広告

バズキャンペーン

トップインフルエンサー活用

パブリシティ

エンゲージメント型コンテンツマーケティング

販促イベント　　　　販促イベント

SNS公式アカウント

SNS広告

メルマガ／LINE

ポイントカード／スマホ会員アプリ

DM

キャンペーン　　　　ファンイベント

LP　　　　ファンクラブ／ファンコミュニティ

チラシ　　　　友達紹介キャンペーン

ストアマーチャンダイジング

リテール広告

顧客サポート

チャットボット

マーケティング

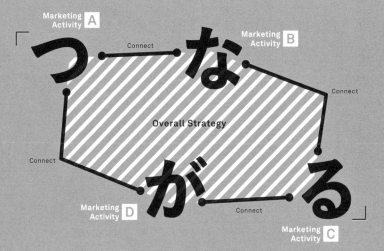

Marketing Activity A

Connect

Marketing Activity B

Connect

Connect

Overall Strategy

Marketing Activity D

Connect

Marketing Activity C

「つ──な──が──る」

思考術

[「こんなはずじゃなかった」と
決別するために知っておくべき
売上に至るまでの「点と線と面」]

池田紀行
Ikeda Noriyuki

SE
SHOEISHA

はじめに

　マーケティングの「医療ミス」をなくしたい。

　これが本書執筆の目的です。マーケティングの現場では、今日もどこかで以下のような不幸や落胆が生まれています。

- テレビCMを打ったのに売上はたいしてあがらなかった。テレビCMはオワコンだ！
- 顧客層を広げるためにリスティング広告の予算を増やしたのにCPAが上がってきている。運用を任せている代理店は何をやっているんだ！
- 動画マーケティングに取り組んだがCPAが高くてガッカリした。話題だから取り組んだのに期待ハズレもいいところだ
- コンテンツマーケティングに取り組んでいるが客はまったく増えていない。「こちらから売り込まずに顧客から見つけてもらう」なんて嘘八百じゃないか！
- バズったけど売上はピクリともしていない。それじゃ意味がない！
- SNS公式アカウントを運営しているが、「売り」につながっているとは思えない。こんなのやっている意味あるの？
- インフルエンサーマーケティングに取り組んだが、投稿が拡散せずガッカリした。売上はたいしてあがらなかったし、やらなきゃよかったな
- 戦略PRに取り組んだのに自社商品の露出がされず期待外れだった。何が戦略PRだよ
- ファンマーケティングに取り組んだのに売上があがっているようには思えない。こんなことならいつも通り新規顧客獲得の広告を打っておけばよかった

　これらの大半は、**施策そのものが悪かったのではなく、医療ミスによって引き起こされたもの**です。つまり、診断と処方のいずれか、または両方を間違うことによって「取り組む前から失敗する（期待する成果が得られない）ことが確定していた取り組み」なのです。

マーケティングの目的は「お客様に買っていただくこと」ですから、マーケターの仕事とは自社商品がお客様に買っていただけない理由（＝病気）を正しく診察・診断し、その病気を最も効果的に治療する薬を処方することと言えます。

　それにもかかわらず、多くの現場で、頭痛の人に胃腸薬が処方され、胃痛の人に頭痛薬が処方されてしまう。そして「なんだこの薬は！　ぜんぜん効かないじゃないか！」とトラブルになる。また、患者側が「先生、最近なんだか体調が悪いんです。話題の“あの薬”をもらえませんか？」と「流行りの薬」を欲しがり、自身の病気とは関係のない新薬を飲み、「まったく効かないじゃん！」と落胆する。これらは、飲んだ薬（施策）に問題があるのではなく、自身の病気に合った薬を飲んでいないことに原因があります。

　この世に「どんな病気も治せる万能薬」がないように、「あらゆるマーケティング課題を一発で解決してくれる万能施策」もありません。また、「健康になるための“健康薬”」がないように、「売上をあげるための“売上向上施策”」もありません。あるのは、売上をあげるための「認知向上施策」「興味喚起施策」「理解促進施策」「信頼獲得施策」などであり、「売上をあげるための施策」が存在するわけではないのです。

　頭痛薬が頭痛にしか効かないように、特定の手法や施策は特定の課題にしか効きません。「健康な体（＝売上）」は、「各症状に応じて飲む複数の薬（＝施策）」が構造的に効いた結果として得られるのです。そのためには、自身の病気を正しく診断し、正しい処方を行う以外に方法はありません。

　ではなぜ、マーケティングの現場ではこれほど多くの医療ミスが頻発してしまうのでしょうか。それは、多くのマーケターが持っている様々な知識（点）が、マーケティングの流れ（線）や、戦略の全体像（面）とつながっていないからです。

　マーケティングを「お客様に買っていただくこと、および買い続けていただくことを頂上とした登山」と見立てた場合、頂上に至るルートは必ずしも1本とは限りません。**主要なルート（線）がマーケティングの流れであり、それぞれのルート上に存在する様々な障害物を乗り越えるための具体策が施策（点）であり、頂上までの複数ルートの設計がマーケティング戦略の全体像（面）を表します。**

全体像やルートを見失ってしまう最も大きな要因が、各ルートに潜む障害物です。目の前の障害物を乗り越えること（点）に集中しすぎるあまり、障害物を乗り越えることそのものが目的化し、「あれ、これって何のためにやってるんだっけ？」と自分がいる位置を見失ってしまう。その障害物は頂上に至るルート（線）に存在している「乗り越えなければならないひとつの通過点」であり、常に「その先がある（ゴールは常に登頂である）」ことを忘れてはなりません。

　頂上に達するための戦略の全貌が見え、それぞれのルートの位置付けや代表的な障害物、それらを乗り越える戦術の背景と意味がわかったとき、マーケティングは格段に正確に、そしておもしろくなります。

　マーケティングの＜点⇄線⇄面＞がつながっていないことは、医療ミスを引き起こすだけでなく、現場で働くマーケターの「仕事のつまらなさ」や「飽き」にもつながっています。マーケティングのデジタル化によって仕事や組織が超高度に分業化された結果、特に若手のマーケターは「CPA○○円以下で顧客獲得目標数○○人」といった局所的な（点の）仕事しか取り組む機会がなくなってしまいました。

　その結果、あらゆるKPI（Key Performance Indicator：重要業績評価指標）

が分断され、現場は「KPI達成のためのKPI達成」で溢れ返ってしまいました。たとえば、自動車や住宅メーカーにおけるWebサイトのKGI（Key Goal Indicator：重要目標達成指標）のひとつに「来場予約」があります。Web担当は自身のKPI達成を目指し、数字が足りなければプレゼントキャンペーンや広告出稿などで来場予約数を増やそうとします。しかし、プレゼント目当ての予約客を増やしても、ドタキャンが多かったり、来場してもホットな見込み客にならず営業の手間を奪うだけで、むしろ全体の営業効率を悪化させることになりかねません。

　マーケティングの最終ゴールは成約数を増やすことであり、来場予約数や来場客数はそのための手段でしかありません。それなのに、行き過ぎた分業と個別KPI達成への圧力が、必ずしも目的の達成につながらない部分最適業務を大量に生み出してしまっているのです。

　現場のマーケターは、上記のような不毛地帯から抜け出すため、一生懸命勉強をしています（本書を手に取っているあなたです！）。しかし、幅が広く、一つひとつの奥が深いマーケティングの学習は一筋縄ではいきません。皆、以下のような問題意識を抱えています。

- 何を、どの順番で学んだらいいのかわからない
- 自身の学び方が正しいのかどうかわからず不安だ
- マーケティングの全体像がわからない（自身がいま、どこの何を学んでいるのか位置関係がわからない）
- 学んだことを実践で活かせない
- マーケティングの師匠的な存在がおらず、フィードバックが得られない
- 社内で共通言語がつくれず孤立している

　マーケティングのデジタル化は、大量の「点の仕事」を生み出しました。そして、すべての若手マーケターは、必ずいずれかの「点の仕事」からキャリアが始まります。しかし、先にも述べた通り、点（個別施策）は線（頂上に至るルート）上にある個別障害物を乗り越えるひとつの解決策であり、目的はあくまでルートを進み、頂上に達することです。頂上が見えず、自身が進んでいるルートの全貌もわからず、目の前の障害物とだけ対峙していて

も、質の高い問題解決にはつながりづらいでしょう。何よりも、その仕事はあまりおもしろくないですよね。

　もちろん、点は重要です。点があるから線がつくれるし、線を進むから面が成立します。しかし、点だけを見て点に取り組むのと、面の中で線を見て、その線上にある点の種類と順番を知った上で、目の前にある点と対峙するのでは、仕事の精度や創意工夫、やりがいに雲泥の差が生まれます。

　日曜日の朝に友だちと待ち合わせをし、「さ、行こうか」と言われ、1時間くらい歩かされたら誰だって不安になりますよね？　「どこに向かっているの？」「目的地まではどのくらいの距離があるの？（何時間歩くの？）」「どんな道順なの？」「途中で休憩はするの？」、そして何より「なぜそこに行くの？（苦労して目的地に着いたらどんないいことがあるの？）」──聞きたいことが山ほどあるはずです。

　面と線がわからない中で点の仕事に取り組むのは、戦略面からも現場で働くマーケターの精神面からも健全ではありません。これら背景情報がわからないまま取り組む「やらされ仕事」の膨張が、「自分の頭で考え、現場で創意工夫を繰り返す力」を弱体化させ、医療ミスを誘発する一因になっています。

　これらの課題を解決するためには、「いま取り組んでいる仕事は、どんな戦略の全体像（面）の、どのルート（線）に置かれた障害物を乗り越えるためのもの（点）なのか」、強く意識をしながら仕事に取り組む以外にありません。それは決して簡単なことではありませんが、本書がその手助けになるはずです。

本書が想定する読者層

　本書は、主にB to C商材を扱う大企業（メーカーや小売チェーン、サービス業や外食業）の事業部、広告宣伝、PR、マーケティング部などに所属する方、またそれらの方々を支援する広告会社やPR会社、コンサルティングファームやその他様々な支援ベンダーに従事する方を主要読者としています。いずれも、まだ知識や経験の多くが「点」として散在していて、「線」や「面」としてつながっていない20代〜30代の若手から中堅スタッフに照準を合わせています。そのため、上記業界への転職を考えている業界未経

験のビジネスパーソンや、当該業界への就職を考えている学生にもフィットするはずです。

　遅くなりましたが、僕の自己紹介をさせてください。
　僕の専門領域はマーケティングです。過去25年にわたって、大手企業300社以上の宣伝、PR、マーケティングの支援に携わってきました。
　キャリアの前半は、マーケティングリサーチ、コンセプト開発、ネーミングやパッケージデザインなどの商品開発、メーカーの広域流通対策や棚割りの売場生産性分析などを経験し、キャリアの後半は、2007年に現在のトライバルメディアハウスを創業し、ソーシャルメディアやデジタル活用の側面から企業のマーケティング支援に従事してきました。
　キャリアの前半で伝統的なマーケティングを学び、後半でソーシャルメディアやデジタルの領域で実践を積んできた（ひとつの領域だけを深く追究してきた人間ではない）からこそ、売上に影響を与える様々な変数を客観的・中立的に俯瞰して捉えることができると考え、2022年6月に『売上の地図』（日経BP）を上梓しました。
　世には良質な専門書がたくさんあります。しかしそれらの多くは特定の理論や手法を深く解説するものであり、「全体感」や「それぞれの手法の位置関係」を理解し、日々の業務で実践する上での「選択」や「組み合わせ」を助ける「面における点や線の相対的理解」、そして点と点、線と線をつなげる「抽象概念同士の接続」はそれぞれの読者の経験や努力に依存してしまう問題がありました。
　本書は「売上をあげるため（お客様に買っていただくため）」のマーケティングコミュニケーションを設計するにあたり、「個別施策⇄主要ルート⇄戦略」を「点⇄線⇄面」としてつなげ、それぞれの主要施策で「できること」と「できないこと」を相対比較することで、あなたが現在担当している仕事の位置関係や意味の解像度を高めることを目指しています。多くのマーケターの「点⇄線⇄面」がつながれば、マーケティングの現場で大量に発生している医療ミスは必ず減るはずです。
　本書読了後、あなたはきっと早く実践で試してみたいとウズウズ、ワクワクしているはずです。本書が、読者のマーケティング実務におけるガイ

ドブックとなり、マーケティングの現場から医療ミスがなくなることを願っています。

2024年1月吉日

池田 紀行

マーケティング「つながる」思考術　目次

はじめに ……………………………………………………………………… 2

序　章

マーケティングとは何なのか? ……… 16

目的はお客様に買っていただくこと ……………………………… 16

マーケティングとセールスの違い ……………………………… 19

マーケティングとマーケティングコミュニケーション ……………… 19

「できること」と「できないこと」 ……………………………… 20

第 **1** 部

なぜいまマーケティングの現場で ″医療ミス″が頻発しているのか

第 **1** 章

あらゆるマーケティング課題を 一発で治す万能薬はない ……… 28

次から次へと出現するバズワード ……………………………… 28

デジタル化による新薬の急増 ………………………………………… 31

デジタル施策の「新しさ」の本質 ……………………………………… 34

「今日の売上」と「明日の売上」 ……………………………………… 38

第 **2** 章

頻発する医療ミスとその要因 ……… 40

頻発する医療ミス10選 ………………………………………………… 40

| 医療ミス | **01** | CPAを下げるために流行りの薬を飲んだが、
むしろ猛烈に上がってしまった！ …………………… 40 |

医療ミス｜**01**　CPAを下げるために流行りの薬を飲んだが、
　　　　　　　むしろ猛烈に上がってしまった！ …………………… 40

医療ミス｜**02**　動画マーケティングに取り組んだが、
　　　　　　　CPAが高くてガッカリした …………………………… 42

医療ミス｜**03**　コンテンツマーケティングに取り組んだが、
　　　　　　　客がまったく増えないぞ！ ………………………… 50

医療ミス｜**04**　バズらないorバズったけど売上はピクリともしない ……… 67

医療ミス｜**05**　SNS公式アカウントからの
　　　　　　　コンバージョンがほとんどない！ ………………… 75

医療ミス｜**06**　インフルエンサーに投稿してもらったのに
　　　　　　　ぜんぜん拡散しない ……………………………… 83

医療ミス｜**07**　戦略PRに取り組んだのに、
　　　　　　　売上がぜんぜんあがらない！ …………………… 93

医療ミス｜**08**　デジタルマーケティングを頑張っているのに
　　　　　　　CPAが上昇している ……………………………… 98

医療ミス | **09** ファンマーケティングに取り組んでいるが
LTV が上がらない ··· 102

医療ミス | **10** ファンコミュニティが盛り上がらず
閉鎖に追い込まれた ·· 109

正しい診断と処方には、多くの病気と薬を知る ························· 117

第 **2** 部

マーケティングの＜点⇄線⇄面＞をつなげる

第 **3** 章

マーケティングの＜点⇄線⇄面＞を
理解すべきこれだけの理由 ·············· 120

みんな事例が大好き ·· 120

＜点⇄線⇄面＞は抽象化によってしかつながらない ···················· 122

＜知る→わかる→できる＞の３ステップ ······························· 128

第 **4** 章

マーケティング戦略の全体像
＝＜面＞を描く …………132

筋の良い戦略が描けない理由 ……………………………132

戦略は俯瞰して「構造」を視る ……………………………136

「売上」を「効果測定指標」にしてはいけない理由 …………………141

第 **5** 章

マーケティング戦略の
9つの原理原則 …………144

9つの原理原則 ………………………………………………144

| 原理原則 | 01 | 売上には「トライアル売上」と
「リピート売上」の2つしかない …………145 |

| 原理原則 | 02 | 最寄品と買回品・専門品は「買われ方」がまったく違う ……148 |

| 原理原則 | 03 | 顧客には「いますぐ客」と「そのうち客」がいる …………149 |

| 原理原則 | 04 | 薬の効能効果は相対的なものである …………150 |

| 原理原則 | 05 | 一番売れている商品は
真っ先に思い出される商品である …………152 |

| 原理原則 | 06 | 思い出してもらえるかどうかは
プレファレンス次第である …………158 |

原理原則 | **07** | プレファレンスは同一パーセプション内の競争によって
相対的に決まる ················· 163

原理原則 | **08** | 売上は想起集合に入っている
カテゴリーエントリーポイントの数で決まる ················· 166

原理原則 | **09** | お客様は4回評価をしている ················· 173

抽象化した概念をつなげて<面>にする ················· 175

第 **6** 章

購入に至る4つの主要ルートで
<面と線>をつなげる ············ 180

マーケティングに必要なのはリアリティ ················· 180
| ルート① | 最寄品におけるトライアル購入までの流れ ················· 181
| ルート② | 最寄品におけるリピート購入の流れ ················· 186
| ルート③ | 買回品・専門品におけるトライアル購入までの流れ ················· 194
| ルート④ | 買回品・専門品におけるリピート購入の流れ ················· 203

第 **3** 部

<点>を理解する

第 **7** 章

主要施策の「できること」と「できないこと」

············ 212

「面」の中で「点」を見る ·· 212

| 01 | テレビCM ··· 214

| 02 | OOH／交通広告 ··· 216

| 03 | ディスプレイ広告 ··· 218

| 04 | 動画広告 ··· 220

| 05 | バズキャンペーン ··· 222

| 06 | 戦略PR ··· 224

| 07 | パブリシティ ··· 226

| 08 | コンテンツマーケティング ······································· 228

| 09 | イベント ··· 230

| 10 | SNS公式アカウント ··· 232

| 11 | SNS広告 ··· 234

| 12 | インフルエンサーマーケティング ······························· 236

| 13 | リスティング広告 ··· 238

14	Webサイト ………………………………………………………………… 240
15	タイムライン型UGC …………………………………………………… 242
16	レビュー型UGC ………………………………………………………… 244
17	店頭／ EC ………………………………………………………………… 246
18	メルマガ／ LINE ……………………………………………………… 248
19	スマホアプリ …………………………………………………………… 250
20	ファンマーケティング ……………………………………………… 252

第 **8** 章

施策の効果を正しく測定する ………254

正しい効果測定は正しい診断と処方から ………………………………… 254

「失敗」はKGI 設定の間違いから生まれる ……………………………… 259

「健康になる薬」は存在しない …………………………………………… 260

KGI（目的）とKPI（手段） ……………………………………………… 261

費用対効果と投資対効果 …………………………………………………… 262

おわりに ……………………………………………………………………… 264

索引 …………………………………………………………………………… 268

序章

マーケティングとは何なのか？

企業が行うマーケティングのゴールは、「お客様に買っていただくこと」です。しかし、言うは易く行うは難し。これがまた一筋縄ではいきません。

目的はお客様に買っていただくこと

期待する売上が得られないとき、「もっと売るために、もっと売上をあげるためにはどうしたらいいんだ?!」と考えていませんか？ それではいけません。その思考は、頭が完全に「売り手発想」になってしまっている証拠です。**売上はあなたが「売る」ことであがるのではなく、お客様が「買ってくださる」ことで得られる**と捉えましょう。期待するほど売上があがらない場合、「なぜ売れないのか？」ではなく、「なぜ買ってくださらないのか？」と考えるのです。

「どっちも同じことじゃないか！」と思われるかもしれません。しかし、この視点の違いが大切なのです。なぜなら、**売り手目線での考察では、往々にして「お客様が買わない理由」を見逃してしまう**からです。では、「お客様に買っていただけない理由」にはどんなものがあるのでしょう。思いつくまま挙げてみます。

- ニーズそのものがない、もしくは小さい
- 商品やサービスがお客様のニーズにフィットしていない

- 商品やサービスのパフォーマンス評価（購入後の満足度）が低い
- 価格が高い
- 最適なチャネルに商品が配荷できていない
- 配荷できているアイテム（SKU：Stock Keeping Unit）が少ない
- 店内の商品配置がわかりづらい
- EC（デジタルシェルフ）での検索順位が低い
- 店頭の在庫が切れている
- 商品の存在が知られていない
- 興味を持ってもらえていない
- 商品の特徴を理解してもらえていない
- パーセプション（認識）がズレている
- ニーズが顕在化したとき、真っ先に思い出してもらえていない
- 好かれていない
- 信頼されていない
- ブランドイメージが悪い
- 話題性に乏しい
- SNSの（ユーザーによる）投稿が少ない
- ネガティブなクチコミ（レビュー）が多い
- 営業力が弱い
- 競合が強い
- 景気が悪い
- 天気や気温が自社のマーケティングに不利

　他にもたくさんありますが、概ねこんなところでしょう。また、小売・サービス・外食などの店舗ビジネスの場合、これら以外に下記が挙げられます。

- 自宅や職場の近くにお店がない
- 営業時間が短い（顧客ニーズにフィットしていない）
- 看板がわかりづらい
- ファサード（外観）に開放感が足りず入りづらい（店内が見えない）

- 駐車場がない、駐車台数が少ない、狭い、停めにくい、出しにくい
- 店員の接客態度が悪い
- 店内が不衛生
- 店内が臭い
- 店内が暗い（適切な照明になっていない）
- 快適な室温になっていない
- 周辺の人口が減っている

　ここに挙げたのは、お客様があなたの商品やサービスを買わない、またはお店に来ない理由として考えられる代表的な要因です。つまり、**マーケティングとはこれらの「お客様が買ってくれない理由」を見つけ、それらの課題を解決することで「買ってくださる確率を高め、お客様の人数を増やすこと」**なのです。

　上記とは違う視点として、「**マーケティングとは人の営みを科学し、再現可能性を高めること**」と表現することもできます。マーケティングは難解な理論や様々なフレームワークがあって、小難しくてよくわからない！　と敬遠されてしまいがちですが、つまるところ「人は何に興味があり、何に興味がないのか」「どういう人が、どういうときに、どんな商品やサービスを欲しくなるのか」「逆に、どんな商品やサービスは欲しくないのか」「どんな商品やサービスが買われ続け、逆にどんなときに買うのをやめてしまうのか」「それはなぜか」「じゃあどうすればいいのか」など、人の気持ちを考える枠組みでしかありません。

　お店に来てもらうこと、試しに買ってみてもらうこと、継続的に買い続けてもらうこと、これらはすべてお客様の「行動」です。これらの「行動」を変えるためには、その行動のトリガーとなる「気持ち」を動かさなければなりません。

　マーケティングを難しくしてしまっている主たる要因は、これらの「人の気持ちを考える」という最も重要なことから離れ、有名なフレームワークを使って人間味のない戦略（めいたもの）をつくりあげてしまうことにあります。理論やフレームワークからマーケティングを考えるのではなく、人の気持ちや行動を抽象化する際に「理論やフレームワークを使った方が便利だ

から使う」くらいのスタンスでいてください。

マーケティングとセールスの違い

　お客様に買っていただくために行うすべての活動がマーケティングだとすると、セールスとの違いは何でしょうか。ベクトルの「向き」で見てみましょう。

　マーケティングは「商品←顧客」、セールスは「商品→顧客」と表現できます。つまり、マーケティングは「お客様側が」自ら買いたいと思ってくださる「仕掛け」と「仕組み」をつくることで、セールスは「商品やサービス（企業）側が」お客様に対して買ってもらう働きかけを行うことです。どちらもゴールは「お客様に買っていただく」ことを通して売上をあげることですが、ゴールに到達するための矢印の方向が違うのです。

　近年は、自社と競合が持つ技術力に差がなくなりつつあり、急速なスピードで商品のコモディティ化による価格競争が進んでいます。市場は超高度に成熟しており、競合がいない市場は存在しません。それゆえ、どんなにマーケティングを頑張ろうと、セールスが無用になるなんてことはまず起こりません。それでも、**できる限りセールスに依存せず売上があがる環境をつくることがマーケティングの役割**と言えるでしょう。

マーケティングと
マーケティングコミュニケーション

　前述した通り、マーケティングとは「お客様に買っていただくため」または「お客様に買い続けていただくため」に行うすべての活動です。

　自社がビジネスをする外部環境を分析することも、マーケティングをする上で利活用できる自社の経営資源（人的資源／商品や設備や技術／予算／情報）を分析することも、市場で戦う競合を分析・把握することも、お客様が何を求めているのか、何が満たされていないのかをリサーチすることも

マーケティングです。

　その上で、売れる商品を企画・開発することや、現在の商品を改善することもマーケティングですし、最適な値付けを行うことや最適なお店に商品を並べてもらう販売経路づくり（チャネル政策）もマーケティングです。

図0-1　マーケティングの主要業務

　そして、様々な環境・資源分析や、お客様が買いたくなる商品の開発・改善、価格政策、チャネル政策と共に大切なのが、「お客様に価値を伝える仕事」、つまりマーケティングコミュニケーションです。

　マーケティングコミュニケーションは、主に広告、PR、販売促進の3つから成ります。僕は、AD（Advertising）／PR（ここではパブリシティを指す）／SP（Sales Promotion）を「マーケティングコミュニケーションの3点セット」と表現しています。

「できること」と「できないこと」

　マーケティングコミュニケーションには実に様々な施策があります。代表的な施策を一覧化したマーケティングコミュニケーションのファネルマップが、巻頭の折り込みに掲載されたものです。

　マーケティングの目的が「できる限りセールスに依存せず、お客様が

買ってくださる状態をつくること」であるならば、マーケティングコミュニケーションの目的は何でしょうか。

「お客様に商品やサービスの価値を伝えること」？

そうです。でも、「伝えること」は手段であって目的ではありません。「伝えること」によってお客様にどうなって欲しいのか？　それが目的です。

ここでは一旦、下記のように定義を仮置きしてみましょう。

> マーケティングコミュニケーションの目的は、消費者や顧客の意識や態度を変えることによって行動を変えること（買っていただくこと、買い続けていただくこと）である。

自社の商品を知らない人に知ってもらうこと（**認知獲得**）、知っているけれど興味がない人に興味や関心を持ってもらうこと（**興味喚起**）、興味はあるけれど競合の商品と何が違うのかよくわからない人に自社商品の特徴を理解してもらうこと（**理解促進**）などが、意識を変えること＝意識変容です。

「なんで買わないんですか？」という質問に「あまり好きじゃないからです」と答える人に好きになってもらう（**好意度の向上**）。知っているし、興味もあるし、理解もしているけれど、買いたいと思っていない人に「買いたい」と思ってもらうこと（**購入意向の向上**）などが態度変容と言えます。

リピート購入はコミュニケーションだけで増えない

しかし、ここで1点、注意が必要です。

先ほど、マーケティングコミュニケーションの目的は、消費者や顧客の意識や態度を変えることによって行動を変えること（買っていただくこと、買い続けていただくこと）と定義を仮置きしましたが、果たして意識や態度を変えるマーケティングコミュニケーション（だけ）の力で「買っていただくこと」「買い続けていただくこと」を促進することは実現可能なのでしょうか。

売上には「**トライアル購入**」と「**リピート購入**」の2種類があります。トライアル購入は顧客にとって1回目の購入で、リピート購入は文字通り2回目以降の購入を指します。よって、すべての売上はトライアル売上か、リ

ピート売上かに必ず分類することができます。

ここで、C/Pバランス理論[1]をおさらいしておきましょう。

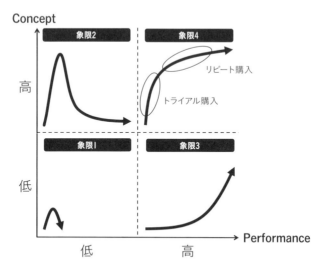

図0-2　C/Pバランス理論[2]

ここで言うCは「Concept」で、買う前にその商品を買いたいと思わせる力を指し、Pは「Performance」で、その商品を買ったことに対する満足度を指します。

前述の通り、マーケティングコミュニケーションは、AD／PR／SPの3点セットによって商品の存在や魅力（＝Concept）を伝えます。それによって**「買う前に買いたいと思わせる力（＝Conceptカ）」**を高め、トライアル購入を促すことができます。

しかし、肝心の**商品力（＝Performanceカ）**が低い場合、購入した顧客の満足度は低く、リピート購入意向は低くなります。製品パフォーマンスが低い＝顧客不満足＝リピート購入意向が低い状態を、「伝えること」が仕事のマーケティングコミュニケーションの力（だけ）で改善・向上させることは、

※1　梅澤伸嘉著『消費者ニーズをヒット商品にしあげる法』（ダイヤモンド社）

※2　C/Pバランス理論に筆者加筆。

不可能とは言わずともかなり難しいでしょう。

　業界には「メルセデス・ベンツを買った顧客は、自身の購買行動の正当性を高めるために、購入後も高い関与度で広告を見る」という定説があります。これは、「高かったけれど、自分はいい買い物をしたんだ」という思いと、「もしかしたらあっちの車の方がよかったのではないか……」という認知的不協和を解消するための行動です。ここから、「広告は新規顧客獲得のためだけでなく、商品購入後の既存顧客の満足度を向上させることにも寄与している」と論理が展開されます。

　もちろん、その定説は事実でしょう。一方で、製品パフォーマンスそのものが低かった場合に、広告を見ることで満足度が向上し、再購入意向が高まるかと言えば、そこまでの力はないと考える方が妥当です。

　このことから、マーケティングコミュニケーションの目的をより正確に再定義すると、下記の通りとなります。

> マーケティングコミュニケーションの目的は、消費者や顧客の意識や態度を変えることによって**行動を変えること（買っていただくこと）**である。（※「買い続けていただくこと」を除外）

「広告効果」は「マーケティング効果」の一部でしかない

　さらにもうひとつ注意が必要です。

　図0-3のベクトル図は、アメリカ統計学会で活動し、市場調査委員会から「市場調査の実践に対して顕著で持続的な価値のある貢献をした」として栄誉殿堂賞を受賞したソロモン・ダトカ博士の著書『新版 目標による広告管理』に記載されているものです。

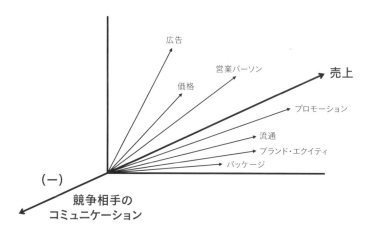

図0-3 マーケティングのベクトル図[※3]

　博士は、著書の中で下記のように述べています。

　消費者向け商品・サービスの広告およびマーケティングの最終目的は、購入を引き起こすことである。とされて以来、広告とマーケティング目的との区別が不明瞭なままにされてきた。**マーケティングのほんの一部分である広告は、「ブランド選好」のような心理学的な効果を生み出すことにかかわっている。一方、マーケティングは、商品（あるいはサービス）がつくられ、集められて、消費者あるいはユーザーに届けられるまでのすべての機能―広告を含めて―をカバー**している。

　重要なこと（という言葉では言い表せないくらい重要なこと）が、この文章に凝縮されています。
　先ほど、「マーケティングコミュニケーションの目的は、消費者や顧客の意識や態度を変えることによって行動を変えること（買っていただくこと）」と再定義したばかりですが、消費者や顧客の意識や態度が変わり、**その商**

※3　ソロモン・ダトカ『新版 目標による広告管理』（ダイヤモンド社）を参考に作成。

品を「買いたい」と思いお店に来たとしても、店頭に商品が置いていなければ（配荷されていなければ）購入できません。

「商品が配荷されているかどうかは別として、マーケティングコミュニケーションの目的（＝「できること」や「すべきこと」）の範囲は、せいぜい"来店"（＝行動変容）までにしておくべきでは？」という声もあるかもしれませんが、小売・サービス・外食産業の場合、仮にお客様が「行きたい」と思っても自宅や職場の近くに店舗がなければ来店は叶わないでしょう。

この場合、売上があがらなかった要因はマーケティングコミュニケーションではなく、チャネル政策にあります。

となると、より正確にマーケティングコミュニケーションを定義するならば、下記のように整理されます。

> マーケティングコミュニケーションの目的は、消費者や顧客の**意識や態度（購入意向や来店意向）を変えること**である。（※「行動を変えること」「買っていただくこと」「買い続けていただくこと」を除外）

なぜこんなにもマーケティングコミュニケーションの定義についてうるさく解説したのかと言うと、これこそが**「施策の成功と失敗」の「解釈」を分ける「肝中の肝」**だからです。

たとえば、ある企業が「商品のリピート購入」を最大化するための広告キャンペーンを企てる場合、施策の成功・失敗は「リピート売上があがったかどうか」で測られることがほとんどでしょう。

しかし、先に述べた通り、商品そのもののパフォーマンス力が弱かったらリピート購入は起きません。また、営業力が弱くストアカバレッジ（配荷率）が低かったら、お客様がお店に来ても買うことができません。

しかし、結果としてリピート売上があがらなければ、宣伝部やマーケティング部の施策が失敗だったとして糾弾される可能性があるのです。

だからこそ、**マーケティングコミュニケーションには「何ができて」「何はできないのか」を正確に定義し、部署内または部署間で正しく認識**しない限り、自部署の努力だけではどうしようもない十字架を背負う（背負わされ

る）ことになり、至るところで不幸な行き違いが発生してしまうのです。

　商品が売れるかどうかはマーケティングの力にかかっています。一方で、広告効果も、PR効果も、販促効果もマーケティング効果の一部でしかありません。この（最も重要な！）それぞれの施策で「できること」と「できないこと」の定義や解釈が会社・組織・個人によって大きく異なることが、施策の成功と失敗の解釈の幅を（悪い意味で）拡大してしまい、マーケティングの現場のあちこちで責任の糾弾や落胆を生んでいる主要因なのです。次章以降で解説する「多くの現場で頻発する医療ミス」の大半も同じ原因から生まれます。

第 **1** 部

なぜいま
マーケティングの現場で
〝医療ミス〟が
頻発しているのか

第1章

あらゆるマーケティング課題を
一発で治す万能薬はない

　前述した通り、マーケティングの目的は「お客様に買っていただくこと」であり、そのために「お客様が買ってくれない理由」を見つけ、それらの課題を解決することで「買ってくださる確率を高め、お客様の人数を増やすこと」と言えます。

　つまり、マーケターの仕事とはお医者さんと同じなのです。体調が悪い患者（自社やクライアント）を診察し、病気を特定して、最適な薬を処方する。これさえできれば、多くのマーケティング課題は解決に向かうことができます。

　それにもかかわらず、マーケティングの現場では頭痛の人に胃腸薬が処方され、患者は「薬を飲んでいるのに効かない！」と嘆くような医療ミスがそこらじゅうで頻発しています。なぜなのでしょうか。

次から次へと出現するバズワード

　医療ミスが起きる要因のひとつに、次から次へと出現するバズワードの存在があります。

　「○○はもう古い！　これからは○○だ！」といった構文で、SNS、バズ、UGC（User-Generated Content）、エンゲージメント、コンテンツマーケティング、ファンマーケティング、動画マーケティング、Z世代、DX（デジタルトランスフォーメーション）、生成AIやLLM（大規模言語モデル）といった「新しい手法」や「新しいコンセプト」がメディアを賑わせ、競合の成功事例

を見て「うちもやるぞ！」と飛びついてしまう。

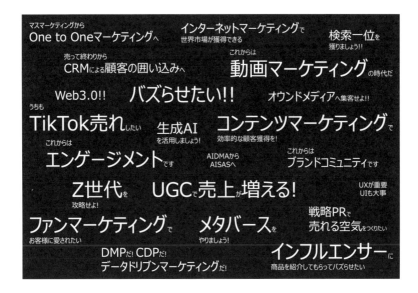

これらの**新しい手法やコンセプトは、何かしらの病気を治す「薬」**です。この世に「どんな病気も一発で治せる次世代の万能薬」がないように、マーケティングの世界にもそんなものは存在しません。頭痛薬は頭痛にしか効かないように、特定の手法や施策は特定の課題にしか効きません。

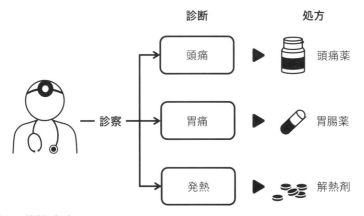

図1-1 診断と処方

それにもかかわらず、マーケティング業界では「薬そのもの」が流行ってしまう。「すごい新薬が出ました！」「どんな病気でも治ります（＝売上があがります）」「みんな飲んでます！」といった具合です。

　仮にあなたの体調が悪く、病院を訪れ診察室に通されたとき、お医者さんが開口一番「すごい新薬が出たんです」「あなたの病気もきっと治りますよ」「みんな飲んでます」「あなたも早く飲んだ方がいいですよ」と言われたらどう思うでしょうか。「いや、薬の前に診察してくれよ！」「いずれにせよそんな怪しい薬飲みたくないわ！」と思いますよね。

　一方、業界では「先生、最近体調が悪いんです（＝思うように売上があがらないんです）」「最近話題の"あの薬"をもらえませんか？」と、患者側が新薬を求めてしまう問題があります。ちゃんとした知識と理性を持ったお医者さんなら「いや、まずはしっかり診察して病気を特定しましょう。あなたが飲むべき薬を決めるのはその後です」と言うはずですが、残念ながら世の中にはいろいろなお医者さんがいます。

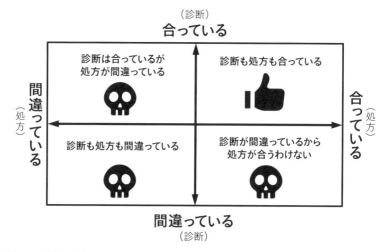

図1-2　診断と処方のマトリクス

　誤解なきよう言っておきますが、バズワード（新しい手法やコンセプト）が悪いのではありません。悪いのは、診断をすっ飛ばして薬を販売しようとする医者と、診断そっちのけで薬を欲しがる患者です。マーケティングの

現場で大量に発生している医療ミスは、正しい診断と処方のプロセスを経ず、流行に乗って手っ取り早く成果を獲得しようとする医者と患者の双方に問題があるのです。

　この世に「どんな病気も一発で治せる万能薬（どんなマーケティング課題も一発で治せる万能施策）」がない以上、病気を治すためには「病気を正しく診断」し、「その病気を治すことができる最適な薬を飲む」しか方法はありません。

　診断と処方が一致していること。当たり前のことですが、これが大前提なのです。

デジタル化による新薬の急増

　ここで改めて、巻頭折り込みに掲載したマーケティングコミュニケーションのファネルマップを見てみましょう。

現在のマーケティングコミュニケーション施策

　それぞれの箱（施策や手法）は薬です。そして箱が置いてある場所と幅が「薬が効く範囲」を示しています。

　ちなみに、「売り手発想でつくられるマーケティングファネルなんて古いよ！」「いまは顧客の行動や思考・感情を含めたカスタマーエクスペリエンスに注目したカスタマージャーニーマップでしょ！」という意見もあると思います。

　しかし、そのカスタマージャーニーマップを正しく作成するためには、「顧客がそのときどんな感情を持っているのか？」または「どんな感情を持ってもらいたいのか？」を整理・規定した上で、「その状況を実現するための最適な施策（薬）」をマッピングする作業が必要です。

　また、カスタマージャーニーマップにも、多くの場合、最上段に「フェーズ」「ステップ」「ステージ」などという言葉で、ファネルと似たような購買プロセスが明記されていることがほとんどです。

　にもかかわらず、誠に僭越ながら、**どの施策（薬）が「何（どこ）に効く**

のか」「何（どこ）には効かないのか」を正確に把握している方は驚くほど**少ない**印象です。だから、ファネルもカスタマージャーニーマップも施策（薬）が「きちんとした場所」に配置されないのです。

　頭痛に胃腸薬、胃痛に頭痛薬が処方されており、施策を実行する前から「失敗することが決まっている」ものが驚くほど多いのが現状なのです。

ひと昔前のマーケティングコミュニケーション施策

　ネットが普及する前のマーケティングコミュニケーションのファネルマップを見てみましょう。

　めちゃくちゃシンプルですよね！

　テレビ、ラジオ、新聞、雑誌の4マスメディアと店頭マーケティング＋チラシが最重要施策だったことが一目瞭然です。

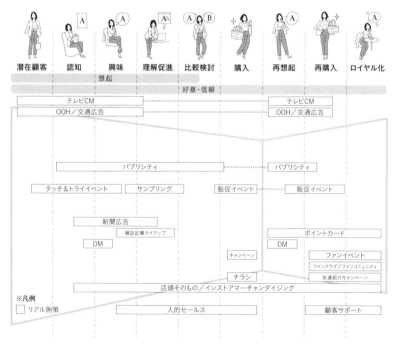

図1-3　ひと昔前のマーケティングコミュニケーション施策一覧

人口も市場も拡大していたため、新商品をたくさん作って、新規顧客に買ってもらう戦略で売上を増やすことができた時代です。そのため、マーケティングの主戦場は左側、つまり「買ってもらうまでのマーケティング（プリマーケティング）」でした。

デジタル化で増えたマーケティングコミュニケーション施策

　そして図1-4が2000年以降に普及した施策を加えたファネルマップです。戦後約50年間、マス広告と店頭マーケティングしか「打ち手」がなかったところへ、ネット、SNS、スマホの普及とデジタル技術の進展によってこれだけ多くの「新たに打てる手」が追加されたのです。

　短期間でこれほど多くの「できること」が増えれば、現場が混乱するのも致し方ないのかもしれません。

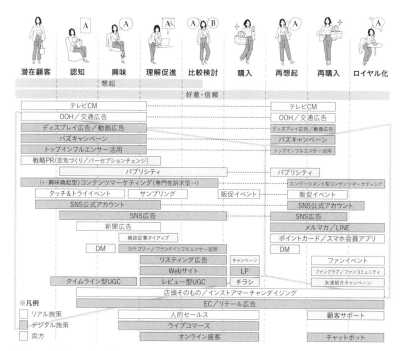

図1-4　デジタル化で増えたマーケティングコミュニケーション施策一覧

デジタル施策の「新しさ」の本質

デジタル施策は、「デジタルであること」が新しいのではなく、**「いままではやりたくてもできなかったこと」が技術革新などによって「できるようになった」ことに新しさの本質があります**。

デジタルマーケティング施策で最も活用されている**リスティング広告**（検索連動型広告）を例に考えてみましょう。

2022年、インターネット広告費は3兆912億円（前年比114.3%）に達し、2兆円を超えた2019年からわずか3年で約1兆円も増加しました[※1]。

2兆4,801億円のインターネット広告「媒体費」のうち、9,766億円（39.4%）を占めるのがリスティング広告です。

なぜリスティング広告はこれほど利用されるのでしょうか。当然、成果が得られるからです。では、どんな成果が得られるのでしょうか。掃除機を例に考えてみましょう。

突然ですが、あなたは今週や先週、掃除機のことをどのくらい考えましたか？

たぶん、0秒ですよね。なぜなら、あなたの家の掃除機は、いま調子が悪くないし、壊れていないからです。

たとえ、掃除機を週に1回程度使っていても、意識して使っているわけではありません。使っていることと関心を持っていることは違います。私たちは、掃除機を使いながら（「ソファ邪魔だな」とか「晩ごはん何にしようかな」など）別のことを考えています。だから、自宅の掃除機の調子が悪くない人は、1ヶ月に1秒も掃除機のことを考えてはいない（関心を持っていない）のです。

「いますぐ客」と「そのうち客」

掃除機は、すべての人が顧客ターゲットに入る珍しい商品です。「うちはそろそろもう掃除機は必要ないかな〜」なんて人はいませんよね。生活し

※1　電通「日本の広告費2022」

ていれば部屋は必ず汚れる
ので、すべての人に掃除機
は必要です。

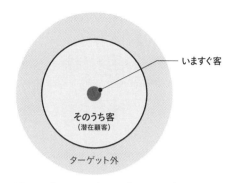

　しかし、ほとんどの人は
「いま」掃除機が壊れている
わけではありませんから、
「いま」買い替えのニーズが
あるわけではありません。
「いつか」壊れたら買い替え
る。でも、「いまじゃない」。

図1-5　「いますぐ客」と「そのうち客」

だから、掃除機市場における消費者の大半は「そのうち客」なのです。

　掃除機が壊れていないとき、私たちは掃除機のことを1秒も考えません。
無関心です。しかし、調子が悪くなったとき、スイッチを入れても動かなく
なったとき、一瞬にして「あぁ、ついに掃除機が壊れた……。もう7年も
使ったから寿命かな。しょうがない、買い替えるか……。想定外の出費つ
らいなー！」とニーズが顕在化します。

　ニーズが顕在化した人が真っ先にする行動は何でしょうか。

　そうです、**検索**です。X（旧Twitter）もFacebookも開きません。掃除機
の場合はInstagramのハッシュタグ検索もあまりしません。TikTokも見ま
せん。多くの人は、スマホで検索アプリを開いて検索（情報探索）を始める
のです。

　すると、検索エンジンは瞬時に「このブラウザさん」は「掃除機に興味
があるってよ！」と、「WHO：誰」と「WHAT：何」が特定できるのです。
しかも、最も重要な「いま（WHEN：NOW!!）」という最高の情報つきで。

　**リスティング広告の凄さは、「いま」「この人（ブラウザ）」が「○○に興味
がある」というWHEN＋WHO＋WHATの3つを同時にターゲティングで
きること**にあります。

　リスティング広告がない時代に、掃除機メーカーが一番苦労したのは、
「みんな掃除機のターゲットである」「でも多くの人は"いま"新しい掃除機
を必要としているわけではない」ということでした。「"いま"掃除機を必要
としている人は、お店に来る。だから店頭マーケティングを頑張ろう」「来

店促進のためにチラシは大量に撒いておこう」「それ以外はマス広告で広くあまねく情報を届けるしかない」と考えていました。

家電、自動車、住宅やリフォーム、高級家具、金融・保険商材などは必要でないときに情報を届けてもスルーされてしまうため、「タイミングのターゲティング」が命です。でも、必要としている人がどこにいるのか、皆目見当がつかない。だからマス広告でざっくりと伝えるしかない。

それがリスティング広告の出現によって一変したのです。リスティング広告に予算が集中するのもうなずけます。

しかし、ここでひとつ注意が必要です。

掃除機が壊れたとき、検索窓に「掃除機」と打ち込む人が多い中、「ダイソン」と検索する人がいます。「掃除機　おすすめ」「掃除機　ランキング」といった一般検索ではなく、「ダイソン」とブランド指名検索をするのです。

それらの人は、なぜ「ダイソン」と打ち込むのでしょうか。その理由は、広告、PR、SNS、過去の商品使用体験などによって形成されたZMOT（Zero Moment Of Truth、第5章の原理原則⑨参照）によって形成された想起集合（Evoked Set、第5章の原理原則⑤参照）が影響しています。

ここで重要なのは、リスティング広告は「ニーズが顕在化した見込み顧客が」「検索をしてくれたら」「広告を出せる」が、「検索してもらえなければ広告を出すことはできない」という当たり前の事実です。

つまり、リスティング広告の弱みは「検索そのもの」を生み出せないことにあります。リスティング広告で高い成果を出すために、「検索してもらうこと」を「別の施策」で担保しなければならないのです。

リスティング広告の弊害

リスティング広告には、もうひとつ課題があります。それは、**広告主の多くが「いますぐ客」の「収穫」（業界では「刈り取る」という悪しき言葉があります）に意識と予算を集中しすぎてしまうこと**です。

広告主は、今期中に自社の掃除機を買ってくれる人を探しています。来期では駄目なのです。今期の売上をあげなければなりません。そのため、予算を投下して、すぐに成果が出る（出やすい）リスティング広告に予算を集中投下します。

競合も考えることは同じですから、0.1％単位で最適化を行いながら緻密な運用を行い、レッドオーシャンの中で殴り合うことになります。

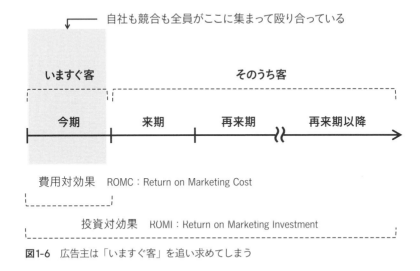

図1-6　広告主は「いますぐ客」を追い求めてしまう

　しかし、企業の勝手な都合で設定されている今期（12ヶ月間の会計年度）中に掃除機が壊れ、買い替えを検討する人の数には限りがあります。「いますぐ客」の人数は限定的ですから、どこかのメーカーが獲れば、どこかが獲られるゼロサムゲームです。その戦いを来期も、再来期もずっと続けるのでしょうか。それは得策ではありません。

　「いますぐ客」の獲得は、各社が全精力をかけてガチンコで戦う熾烈な戦場です。当然、自社もここで頑張らなければなりません。しかし、**「いますぐ客」市場における戦いで使える武器はリスティング広告、リターゲティング広告、リテール広告、アフィリエイト、ブランドサイトなど施策の種類が限定的**で、すべからく競合も同じ施策で戦いを挑んできます。

　きょうび、自社が考えていることは、競合も考えています。戦略も戦術も同質化すれば、次は「鬼の最適化」つまり運用力で差をつけねばなりません。しかし、ここも各社が限界まで高めた運用力で0.1％単位の戦いを繰り広げていますから、差がつきづらい。となると、必然的に勝つのはプレファレンス（第5章の原理原則⑥参照）≒シェアが大きく、予算も潤沢なトップ

ブランドとなります。

　つまり、「いますぐ客」市場は、「やらないと負けるが、やったからと言って勝てるわけではない」市場なのです。**ではどこで差がつくのか。私は、「そのうち客」市場だと考えています。**

　数年にわたって潜在状態にいた顧客が、掃除機が壊れた瞬間に買い替えニーズが生まれ、顕在顧客として出現する。この黒から白にオセロがひっくり返った瞬間から「いますぐ客」の獲得競争に参戦するのではなく、ニーズが生まれた（顕在顧客に変わった）瞬間に「ダイソン」を想起してもらい、勝負を決めてしまう作戦の方が圧倒的に有利です。

　「そのうち客」の育成は、今期の売上にはなりません。だから「そのうち客」なのです。しかし、**来年か再来年か、もしくはそれ以降、「ほぼ確実」にニーズが顕在化する潜在顧客に対し、薄く長く接点や関係を持ち続け、エンゲージメントを維持しておく。**

　それにより、来期、再来期、3年後、4年後と、毎年一定量の「そのうち客」が「あなた指名（第一想起）」で「いますぐ客」として顕在化する。熾烈な「いますぐ客」の奪い合い競争に参戦するだけでなく、未来を見据え、どのくらい「そのうち客」を育成しておくことができるか。競合との「明確な差」は、そこで出るのだと思います。

「今日の売上」と「明日の売上」

　ここまでの話をまとめます。

　顧客には「いますぐ客」（あなたの会社の会計年度内にニーズが顕在化する見込み客）と、「そのうち客」（ニーズはあるが、今期中にニーズが顕在化するわけではない顧客層）の2種類がいます。

　どちらが重要で、どちらが重要ではない、という話ではありません。どちらも重要です。だからこそ、施策には時間軸のバランスが必要なのです。

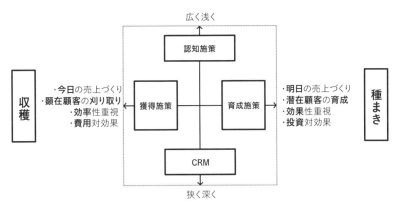

図1-7 「今日の売上」と「明日の売上」

　図1-7で、「いますぐ客」に今期中に買っていただくための施策は左側。顕在顧客を効率的に収穫する費用的施策です。

　一方、いつかニーズが顕在化する「その日」に向けて、「そのうち客」を育てる施策が右側。潜在顧客を効果的に育成する投資的施策です。

　左側はCPA（Cost Per Acquisition：顧客獲得単価）やROAS（Return On Advertising Spend：広告の費用対効果）に代表される「いくら使って、どのくらい売れたの？」が問われる**ROMC（Return On Marketing Cost：費用対効果）施策**。右側は「いくら投下して、どのくらいお客様は育ってるの？」が問われる**ROMI（Return On Marketing Investment：投資対効果）施策**です。

　左側は行動変容効率、右側は意識・態度変容や検討の選択肢（想起集合）に入っているか、順位は高いか、などがKGIに設定されることが一般的です。

　ここまで、リスティング広告を題材にデジタル施策の新しさの本質、つまり「いままではやりたくてもできなかったこと」を「できるようにした」とはどういうことか、そしてそれに伴う弊害について解説しました。

　掃除機メーカーが患っていた病気に対して、リスティング広告という新薬が処方され、病気が改善した「良い治療事例」と言えます。

　一方、マーケティングの現場では、良い治療事例の何倍もの数の医療ミスが発生し続けているというのが実態です。次章で具体的に見ていきましょう。

頻発する医療ミスとその要因

> 本章では、私が実際に見聞きした「よくある医療ミス」を見てみましょう。これらの失敗事例の中に「正しい診断と処方をほどこすヒント」がたくさん隠れています。

頻発する医療ミス10選

医療ミス 01 CPAを下げるために流行りの薬を飲んだが、むしろ猛烈に上がってしまった!

掃除機の例でも触れたように、家電、自動車、住宅やリフォーム、高級家具、金融・保険商材などはニーズが潜在期にある「そのうち客」が多いため、タイミングのターゲティングが命です。それゆえ、業界各社は早い段階から「いますぐ客」のターゲティング精度に優れたデジタル広告を使いこなしてきました。

「運用型広告」とも呼ばれるリスティング広告、ディスプレイ広告、SNS広告、動画広告などは文字通り「運用しながら（PDCAを回しながら）効率を高めていく」ことが大前提にあるため、すでに高い効率で成果が出ている企業がほとんどです。大手の優秀なデジタル広告代理店に委託している企業であればなおさらです。

こんな状況下で起こる代表的な医療ミスの現場を見てみましょう。

企業

現在、毎月1,000万円の広告費を（運用型広告で）回してもらっていますが、現状のCPC（Cost Per Click＝クリック単価）やCPAだと今期の顧客獲得目標をクリアすることができませんよね。どうしたらいいでしょうか？

代理店

はい……。しかし、現状でもかなりの最適化を行っての結果が現在の数値ですから、これ以上の改善（CPCやCPAの低減）は難しいと思います。競争も激しいですし……。

企業

うーん……。じゃあ、最近流行りの「TikTok売れ」とかどうなんですか?!　バーンとバズれば多くの人にリーチして商品がガバッと売れるって何かの記事で読みましたよ！

代理店

確かにTikTokはいま激アツですね！　ちょっと企画考えて提案します！

　多少大げさに書いていますが、よくある現場のひとコマです。TikTokは一例で、ここは常に「流行りの薬」に置き換わり、同じ過ちが繰り返されます。

　現代の運用型広告はすでに超高度に最適化された運用が行われているため、投下する予算と現状の数値から未来の顧客獲得数をかなり高い精度で見積もることができます。しかし、予測できてしまうがゆえ、「このままいまの施策だけやっていても目標には届かない」こともわかってしまいます。

　予算を増やすことはできない、獲得単価をこれ以上下げることもできない、であるならば「何か新しい施策」で「逆転ホームラン」を打つしかな

い！　かくして「新しい薬」に過剰な期待を寄せることになります。

　運用型広告は誕生から20年の歴史を経て、無駄を限界まで排除し、1円でも安く顕在顧客を効率的に獲得する「超完成度の高い"いますぐ客"獲得手法」となりました。誤解をしている人が多いので改めて言っておきますが、**運用型広告、特にリスティング広告よりも効率的に（顧客獲得単価を安く）「いますぐ客」を獲得する方法はありません**。あなたが知らないのではありません。そんな方法など、この世に存在しないのです。

　この世には、「できること」と「できないこと」があります。人が空を飛べないように、運用型広告よりも効率的に顧客を獲得することはできません。つまり、運用型広告「以外」に手を出すのは、いまよりも顧客獲得単価が上昇する手を打つことと同義なのです。

　「でも、運用型広告だけでは今期の目標を達成することはできないんです。何か"新しいこと"をしなくちゃ駄目ですよね？」という声が聞こえてきそうです。しかしあえて厳しく言うならば、「運用型広告予算が足りないから、現状のCPCやCPAでは目標が達成できない」のはあなたの都合であり、世の理とは関係がありません。飛行機で向かっても目的地への到着が間に合わないからと言って、飛行機よりも速い移動手段はない。それと同じなのです。

　現状の施策だけでは目標に届かない場合、「何か新しい取り組み」を検討することは大切です。しかしその「新しい取り組み」は「最新の手法」や「流行っている施策」ではない可能性の方が高いのです。「新しい取り組み」を検討する際は、自分の病気と薬が合っているかどうか、その薬は「何に効き、何には効かないのか」を冷静に判断してください。

 動画マーケティングに取り組んだが、CPAが高くてガッカリした

　スマホの普及、YouTube利用者の増加とYouTuberの出現、Instagramの動画機能拡充とインスタグラマーの増加、5Gサービスの開始などにより、業界では2010年代後半から毎年のように「今年こそ動画マーケティング元年だ！」と叫ばれてきました。

　代表的な売り文句は、テキストや画像よりも「世界観などをリッチに伝

えられる」「短い時間で多くの情報を伝えられる」「効果的に理解を促進できる」「記憶に残りやすい」「SNSで拡散する」などで、とにかく「動画は素晴らしい！」と動画マーケティングへの取り組みが推奨されます。

こんな状況下で起こる代表的な医療ミスの現場を見てみましょう。

代理店

近年、動画マーケティングに取り組む企業が急増しています！　動画広告市場もここ数年で急成長しています。テキストや画像でしか伝えられなかった御社商品の価値を、いまこそリッチコンテンツの動画で訴求し、コンバージョン効率を高めましょう！

企業

確かに、時代は動画ですよね。具体的に、何がメリットなのでしょう？

代理店

テキストや画像に比べて、伝えられる情報量が圧倒的に多いことです。情報伝達能力をテキストと比較すると、画像は7倍、動画は5,000倍とも言われます。また、フォレスター・リサーチ（ビジネスやテクノロジーに強い米国の独立系調査会社）の研究では、1分間の動画は「180万語の情報量」と同等で、Webサイト3,600ページ分に相当すると言われています！

企業

それはすごいですね！　何から始めるべきでしょう？

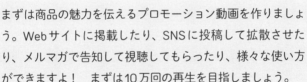
代理店

まずは商品の魅力を伝えるプロモーション動画を作りましょう。Webサイトに掲載したり、SNSに投稿して拡散させたり、メルマガで告知して視聴してもらったり、様々な使い方ができますよ！　まずは10万回の再生を目指しましょう。

企業

なるほど。1本作ればいろんなところで配信して視聴を拡大することができるんですね。それなら多少制作費がかかってもすぐに元は取れそうだ。ぜひ具体的な提案を持ってきてください！

（後日）

企業

制作してもらった動画ですが、再生数、ぜんぜん伸びませんね……。Webサイトにエンベッド（埋め込み）しているYouTube再生数も伸びないし、SNSに投稿した動画も数千回しか見られませんでした。SNSでの拡散もぜんぜんです。そして動画からコンバージョンが得られている実感もありません。これ、制作にかかったコストを獲得した顧客数で割ったら、CPAはリスティング広告の数十倍になるんじゃないですか？

代理店

……。

この事例における医療ミスの要因を紐解いてみましょう。

要因A　処方から入っている

まず、初動の段階から「動画マーケティングを行う」ことが目的化しています。「動画マーケティング元年」「動画広告市場の急伸」などは、この企業が動画マーケティングに取り組むべき理由とまったく関係ありません。「診断をすっ飛ばして流行りの薬を処方する」典型です。

繰り返しますが、マーケティングの目的は「お客様に買っていただくこと」であり、マーケティングコミュニケーションの目的は「お客様に買っていただくために、意識や態度を変えること」です。

44

第1部　なぜいまマーケティングの現場で〝医療ミス〟が頻発しているのか

「動画マーケティングに取り組むこと」は、お客様の意識や態度を変える
ための手段であって、目的ではありません。「お客様に買っていただけない
理由（問題点）」は何なのか。認知が足りていないのか、興味を持ってもら
えていないのか、理解してもらえていないのか、好かれていないのか、信
頼されていないのか、いったい何が要因で買っていただけないのか。それ
ら自社が抱える問題点を明確にした上で、その課題を解決する手段として
「動画が最適な手段」であるならば動画マーケティングに取り組めばいいの
です。動画は単なるコンテンツフォーマットであり、課題を解決するための
「手段のひとつ」に過ぎません。

要因Ｂ　「できること」と「すべきこと」を混同している

　テキストや画像と比べ、動画は伝えられる情報量が多いのは事実でしょ
うが、だから何なのでしょう。そもそも、顧客に情報が伝わらない理由は、
テキストや画像でのコミュニケーションに問題があるのではなく、コンテン
ツそのものがツマラナイ（有用ではない）からです。それを棚に上げ、動画
にさえすれば情報が伝わると考えるのは「流行りの施策＝魔法の杖」症候
群そのものです。

要因Ｃ　眉唾の情報が大量に混じっている

　「1分の動画には3,600ページ分のWebページの情報量が詰まっている」
という定型文句も多くの場で使われていますが、となると15秒のテレビ
CMにはWebサイト900ページ分の情報量が詰まっていることになりま
す。「テレビCMは認知向上には有用だが、時間が短いため商品の特徴を理
解してもらうには限界がある」のではなかったのでしょうか。

　また、「1分間の動画には180万語の情報量が詰まっている」のであれば、
私の120分講義には2億1,600万語（一般的な書籍の2,160冊分）の情報量が
入っていることになります。そんなことはありえず、2時間で10万語（書籍
1冊分）がせいぜいでしょう。

　映像や動画の情報量が多いと言われるのは、主に風景や情景描写の表現
力を指しています。テレビ朝日の人気番組「世界の車窓から」で流れる5分
の映像をテキストで表現するためには膨大な文字量が必要で、かつどんな

に言葉を尽くしても伝えられる情報量は5分の映像には敵いません。しかし、だからと言って同番組の5分の映像から900万文字分の情報量を受け取っていると言っていいのでしょうか。

商品の特徴やベネフィットといった意味記憶（知識や概念）に関連する情報が数百倍や数千倍の効率で伝わるなど、ミスリードもいいところなのです。

さらに、「SNSに投稿すれば拡散する」という情報もまったく根拠がありません。SNSで拡散する情報は、驚き、笑い、共感、賛否両論、怒り、感動など「感情の振り子」が大きく振れたときであり、テキストか画像か動画かといったコンテンツのフォーマットはほとんど関係ありません。

要因D　KPIの曖昧さと設定ミス

すべてのマーケティングコミュニケーションの施策は「お客様に買っていただくために、お客様の意識や態度を変えること」につながっていなければなりません。つまり、お客様に買っていただけていない「マーケティングコミュニケーション上の問題点」を解決することにつながらない施策は「何の役にも立っていない」のです。

「何を当たり前のことを！」と思うでしょうか。

しかし、本事例のように「再生数10万回を目指す」といった「もっともらしいが、誤った目標」を設定するケースがあまりにも多いのです。まず、目的と目標が混在しています。

目的とは、「最終的に実現したい事柄」です。一方の目標は、「目的を達成するため（目的を達成するまでの過程）に設定される具体的な期間や数値」を指します。目的を達成するための目標ですから、目的と目標はきれいに対になっていなければなりません。

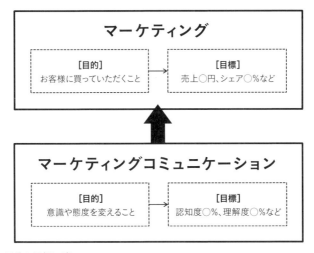

図2-1 目的と目標の違い

　動画マーケティングにおけるKPI設定には大きく2つの罠があります。

　1つ目は「KPIがKGIになってしまうこと」です。つまり、再生数10万
回が「KGI：目的」として設定されてしまうのです。「目標の再生回数10万
回を突破しました！　バンザーイ！」「うん。で、だから何なの？」という
ことになります。

　再生数は単に「動画が再生された回数」であり、それ以上でもそれ以下
でもありません。少ないよりは多い方がいいでしょうが、多く再生されたか
らと言って、「肝心の目的」が達成されなければその施策は「失敗」です。
動画再生数は目的（KGI）を達成するための「ひとつのKPI」であり、再生
数そのものを目的にしてはいけません。

　2つ目は「KGIをコンバージョン数や率に設定してしまうこと」です。本
事例でも代理店側が「動画マーケティングでコンバージョン効率を高めま
しょう！」とトークしていますが、効率を高めるためには、大きく分けて図
2-2の3つの方法しかありません。

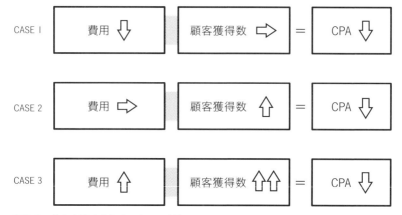

図2-2 効率を高めるための3つの方法

- 顧客獲得数は変わらないが、費用を下げることでCPAを低下させる（CASE 1）
- 費用を変えずに、顧客獲得数を増やすことでCPAを低下させる（CASE 2）
- 費用を増やすが、それ以上に顧客獲得数を増やすことでCPAを低下させる（CASE 3）

　いまどき、費用を減らし顧客獲得数を増やすなんてことはほぼ不可能ですから、概ねこの3つと言っていいでしょう。「コンバージョン効率を（現状よりも）高める」という言葉を額面通りに解釈すると、「現在行っている様々な運用型広告よりも（CASE 1〜3のいずれかによって）CPAを下げる」という意味になります。そしてそれは、先に紹介した医療ミス①の事例で解説した通り「不可能」です。
　では、動画マーケティングは「効果がない」のでしょうか。そんなことはありません。ではなぜ「動画マーケティングは効率が悪い」という「解釈」になってしまうのでしょうか。図2-3を見てください。

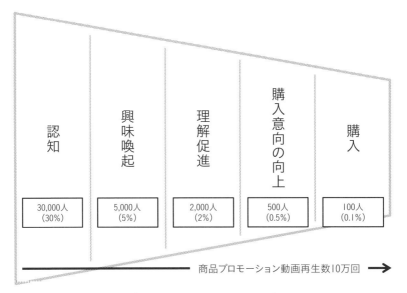

図2-3 動画マーケティングによるファネルの各段階への影響

[認知] 30,000人 (30%)

[興味喚起] 5,000人 (5%)

[理解促進] 2,000人 (2%)

[購入意向の向上] 500人 (0.5%)

[購入] 100人 (0.1%)

商品プロモーション動画再生数10万回 →

　動画再生数が10万回で、そこから直接コンバージョンに至った顧客が100人と計測された場合、CVR（Conversion Rate：獲得率）は0.1%です。仮に動画制作に500万円の費用がかかっていた場合、500万円÷100人＝CPA 5万円となり（商品の特性にもよりますが）リスティング広告の数倍から数十倍になります。結果、「なんだこの数値は！　動画なんてぜんぜん駄目じゃないか！」となるのです。

　しかし、動画を見て「すぐに商品を購入する人」は、すでに何かしらの商品を購入しようと思っていた「いますぐ客」や、動画を見たことによって衝動的に欲しくなって購入してくれたごく一部のお客様です。動画を見て「欲しくなった」「どんな特徴を持った商品なのか理解した」「興味を持った」「初めて知った」人たちは、「いますぐに」購入するわけではないため、本施策の顧客獲得数にはカウントされません。

　しかし、あなたの商品を知らなかった3万人の人たちに商品を知ってもらえて、5,000人に興味を持ってもらえて、2,000人に特徴を理解してもら

えて、500人に「欲しい」と思ってもらえたのです※1。しかし、この認知、興味喚起、理解促進、購入意向の向上といった「意識・態度変容効果」は、今回の動画マーケティング施策の「成果」として評価されません。いつか買ってくれるかもしれない「そのうち客」を育てることに貢献したかもしれないのに、おかしいですよね。

　さらに、制作した商品のプロモーション動画は、次の新商品が出るまで少なくとも2年間は使える場合、来期はコスト0円でこの動画を活用することができます。期中にかかるコストは0円で、一定の意識・態度変容効果と、いくばくかの顧客獲得をしてくれる可能性があります。それもここでは考慮されません。

　「動画マーケティングは効果があるのか、ないのか、どっちなんだ!」という声が聞こえてきそうですが、答えは「あなたが抱えているマーケティングコミュニケーション上の課題」と「達成したい目的による」なのです。

　「1円でも安く "いますぐ客" を獲得したい」のなら、動画など作らずテキストと画像で運用型広告を回した方がいいですし、「運用型広告は "効率は良い（CPAは安い）" が、十分な "数" を確保することができない」のであれば、CPA目標値を上げる覚悟で打ち手を増やさなければなりません。

　次の医療ミス③も、まさにそんなケースで起こります。

医療ミス 03 コンテンツマーケティングに取り組んだが、客がまったく増えないぞ!

　コンテンツマーケティングに取り組む企業が増え、ここでも多くの医療ミスが起こっています。代表的な例を見てみましょう。

※1　動画は再生途中での離脱者が多いため、完全視聴率（一定の秒数や最後まで視聴された割合）は100%にはならないが、ここではわかりやすく説明するため完全視聴率は考慮していない。

そろそろ御社もコンテンツマーケティングに取り組んでみて
はいかがでしょうか!?

企業

最近話題ですよね。なぜ取り組む企業が増えているのでしょ
う？

代理店

広告が効かなくなってきたからです。ひと昔前までは商品を
作ってテレビやWebで広告を打てば買ってもらえましたが、
最近では多くの消費者が広告をスキップしてしまいます。世
の中は商品で溢れていますし、広告も同様です。一説には、
消費者は1日に3,500回もの広告を浴びているという話もあ
ります。こうした状況下で、広告は「邪魔者」「嫌われ者」に
なってしまい、効果が低下しているのです。

企業

確かに、近年弊社でも広告効果が落ちていますね……。そこ
でコンテンツマーケティングですか。広告とは何が違うので
すか？

代理店

コンテンツマーケティングは広告と違い、商品を前面に打ち
出しません。広告と思われてしまうとお客様は逃げちゃいま
すからね。商品の売り込みをするのではなく、お客様が「読
みたい・見たい」と思うコンテンツを作り、それをフックに
集客するのです。広告はプッシュ、コンテンツマーケティン
グはプル。広告は一方向的ですが、コンテンツマーケティン
グは双方向。こちらから売り込むのではなく、お客様に「見
つけてもらう」方法なので、効果は絶大です！

企業

なるほど！　それは効果がありそうですね。具体的にはどんなメリットがあるのでしょう？

代理店

コンテンツマーケティングには様々なメリットがあります！まず、コンテンツの制作費には一定のコストがかかりますが、一度作ってしまえばしばらくの間ずっと使えます。広告はフロー型ですから、出稿や配信が終わったら何も残りませんが、コンテンツはWebサイトに置いておけば来期も再来期も効果を発揮し続けるストック型です。広告は費用として使い捨てになってしまいますが、コンテンツは資産になります。同じお金を使うとしても、資産としてストックされる方がいいですよね！

企業

広告はお金の使い捨てか……。なるほど。確かに、資産としてストックされるのは魅力的ですね！　他にありますか？

代理店

2つ目のメリットとして、先ほども言いましたが、こちらから売り込むのではなく「お客様に見つけてもらう方法」なので、ニーズのあるお客様にしっかり届くことが挙げられます。ターゲティングしているとは言え、広告は「ニーズがありそうな人」に一斉に配信するためCTR（Click Through Rate：クリック率）やCVR（Conversion Rate：購入率や契約率）に限界があります。しかし、コンテンツマーケティングは「情報が欲しい熱量の高い検討顧客」に「自ら見つけてもらう施策」ですから良質な検討顧客の含有率が高く、CVRを高めることができます。

企業

確かに現在の広告効率も限界まで来ています。熱量の高い顧客の含有率が高いのはとても魅力的です！

第1部　なぜいまマーケティングの現場で〝医療ミス〟が頻発しているのか

そして3つ目のメリットは、2つ目とは逆で、まだ御社商品にさほど興味がない潜在層のお客様にもリーチし、将来のお客様を育成することに役立つというメリットがあります。広告は打てば打つほどお金がかかりますが、コンテンツは幅広い層にリーチできますから、顕在顧客だけでなく潜在層にも効果的にアプローチすることができます。

企業

顕在顧客の獲得だけでなく、潜在顧客にもリーチして将来のお客様を育てることができるのか……。それは一石二鳥ですね！

さらにあります！　御社はたくさんのリピート顧客をお持ちですよね。メルマガやLINEで日々コミュニケーションを取っていらっしゃると思います。効果は出ていますか？

企業

確かに既存のお客様に対してメルマガやLINEを通じて新商品やプレゼントキャンペーンなどの情報をお届けし、LTV（Lifetime Value：顧客生涯価値）を高める努力をしていますが、期待するほどの効果が出ていないのが実情ですね……。

どんな情報を送れば効果が高まると思いますか？

企業

そりゃお客様にとって有益な……あ！　そうか！　コンテンツマーケティングで作るコンテンツを既存のお客様にもお届けすればいいということか！

そうです！　せっかくメルマガやLINEを開設しているのですから、そのチャネルを通じて既存顧客にもアプローチすれば、LTVの向上効果も期待できるのです。メルマガやLINEの

第2章　頻発する医療ミスとその要因

会員は既存顧客だけでなく顧客候補も含まれているでしょうから、潜在顧客育成にもつながるというわけです。

企業

すごい……。ワンコンテンツ、マルチユースが実現できるわけだ……。

代理店

さらに、有益なコンテンツはSNSで拡散するチャンスもあります。御社はSNSに複数の公式アカウントをお持ちですから、作ったコンテンツを投稿していけばバズからの集客力向上も目指せます。

企業

資産としてストックでき、顕在顧客に見つけてもらえ、潜在顧客の育成にもつながって、既存顧客のLTV向上にも役立ち、SNSで拡散もするなんて、一石五鳥じゃないですか！だからこんなに話題で多くの企業が取り組んでいるのか……。うちも早く始めた方がいいですね。ぜひ提案書を持ってきてください！

　ここまでてんこ盛りで営業されているかは別として、コンテンツマーケティングで医療ミスが発生する「よくある現場」を見ていただきました。こちらもツッコミどころ満載です。この事例における医療ミスの要因を紐解いてみましょう。

要因A　広告とコンテンツマーケティングの違いの認識が間違っている

　広告は一方的なプッシュ型の売り込みで、コンテンツマーケティングは双方向でプル型の「見つけてもらう」施策という論は本当でしょうか。
　まず、コミュニケーションの方向性について。広告やプロモーションにも、双方向性を重視して設計されたものが山ほどあります。また、コンテン

ツマーケティングも、メルマガやLINEで送る際は一方向型の色彩が濃くなります。

　そもそも「一方向は駄目で双方向の方が良い」と断ずるのもおかしな話です。目的はあくまで「お客様の意識や態度を変えること」ですから、その目的が実現できるのならばコミュニケーションの方向性はどちらでも良く、時と場合によって効果が高い方を選べば良い、が正解なのです。

　次に（ここが一番重要なのですが）、コンテンツマーケティングは「お客様に"見つけてもらう"施策である」について。コンテンツマーケティングが売り込まれる際、その魅力を高めるべく多くの場面で広告が仮想敵として設定され、「広告はもう駄目です。これからはコンテンツマーケティングです」と比較されがちです。しかし広告には「出したいタイミングで、出したい期間、出したいターゲットに対して、出したいクリエイティブで、出したい量だけ出すことができる」という大きなメリットがあります。つまり（ほぼ）100%コントロール可能なのです。

　一方のコンテンツマーケティングは、どんな人に届くか、どのくらいのリーチで届くのか、コントロールすることはできません。「見つけてもらう施策」の意味は、接触プロセスをお客様側に委ねていることと同義なのです。多くのマーケティングコミュニケーション施策は、「今期の売上を増やすため」に実行されます。にもかかわらず、「いつ、どんな人たちに、どのくらいリーチできるのか自社にはコントロールできない」ことがどれほど「リスクのあること」なのか、大いに過小評価されたままプロジェクトが進行してしまうのです。

要因B　「コンテンツはストック型で資産になる」という誤解

　医療ミス②でも解説しましたが、大事なことなのでもう一度繰り返します。マーケティングの目的は「お客様に買っていただくこと」であり、マーケティングコミュニケーションの目的は「お客様に買っていただくために、意識や態度を変えること」です。「広告は使い捨てで何も残らないが、コンテンツはストックされて資産になる」という論はもっともらしく「なるほど確かに！」となりそうですが、マーケティングコミュニケーション本来の目的とは何の関係もないことに気づかねばなりません。

また、「広告は費用の使い捨て」にも誤解があります。広告は、たとえ短期的なコンバージョンにつながらずとも、動画マーケティングの医療ミス②でも解説した通り、認知や再想起、商品理解や購入意向を高めることに一定の貢献をしています。これらは中長期的に効くものですから、お客様の脳内にブランド資産をつくることに寄与していると言えます。

　そもそも、「コンテンツは資産である」という論も怪しげです。「多くの人に読まれたり見てもらったりすることで、中長期にわたり、意識や態度を変えることに貢献するコンテンツ」であれば確かに「資産性がある」と言えますが、誰にも読まれず、誰にも見られず、たとえ接触してもらっても意識や態度の変容につながらないコンテンツには、資産性のカケラもありません。コンテンツならなんでもかんでもストック型で資産性があるなどという話は、「マーケティングとして効果があるコンテンツ」だけに該当するかなり限定的な話なのです。

要因C　「コンテンツマーケティングの顧客は熱量が高い」という誤解

　間違ってはいませんが、注意が必要な箇所です。ドライヤーを例に考えてみましょう。

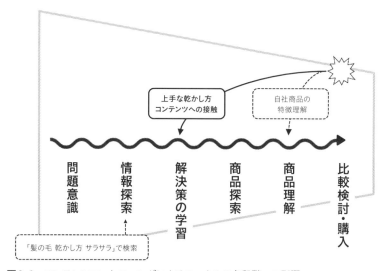

図2-4　コンテンツマーケティングによるファネルの各段階への影響

「ドライヤーで髪を乾かすと、いつもパサパサになってしまう」という問題意識を持った人が、「髪の毛　乾かし方　サラサラ」と検索したとします。ここで効果を発揮するのが、「上手な髪の乾かし方」を解説するWebコンテンツ（＝コンテンツマーケティング）です。

　しかし、この段階でお客様が求めているのは「特定商品の機能解説」ではなく、あくまで「上手な髪の乾かし方」です。タイトルに「美髪になる最強の乾かし方テクニック！」などと謳っているのに、すぐさま自社商品の機能解説を始めてしまうコンテンツは、「なんだ、広告かよ」と離脱されてしまうため、よろしくありません。

　となると、この段階では自社商品の売り込みをしたい気持ちをグッとこらえ、お客様の課題解決につながる質の高い優良コンテンツを提供する必要があります。コンテンツマーケティングとは、お客様が記事を読んだり、動画を見たりした後に「読んでよかった」「見てよかった」と思ってもらえるコンテンツとしての品質を担保した上で、最後に「自社の商品でその課題を解決することができますよ」と、さりげなくお伝えする手法です。そのためには、プロのビューティーアドバイザーや有名スタイリストに相応のフィーを支払ってアサインし、前打ち合わせをし、スタジオを借り、かなりの手間とお金をかけて撮影・編集・制作するなどの努力が必要となります。

　ドライヤーメーカーからすれば、確かに「情報が欲しい熱量の高い検討顧客の含有率が高い」と言えましょうが、それは「自社商品を買うかどうかを検討している顧客の含有率が高い」のではなく、「髪に関する、ある特定の課題を解決したい顧客の含有率が高い」が正しいと言えます。

　そんな「自社商品」ではなく、「課題解決策」を探しているお客様に「見つけてもらい」、最後に自社商品を認知・理解していただく。それは、自社商品のブランド名で指名検索をし、Webサイトに訪れた人に自社商品の特徴を理解してもらい、購入意向を向上させる「商品説明」とはファネルの位置と役割がまったく違うことに注意が必要です。

要因D　「顕在顧客だけでなく潜在層にもアプローチ可能」という誤解

　ここも多くの誤解が発生するポイントです。自動車を例に考えてみましょう。

企業

日本全体の世帯数が増えているため、それに引っ張られて自動車の保有台数は増加を続けていますが、それもそろそろ頭打ちです。都市部では自家用車を保有するメリットが小さいですし、カーシェアリングの普及も進んでいます。長期的には団塊世代の免許返納と、若年層の免許取得率の低下などによって、さらに自動車は売れなくなります。電気自動車への買い替え需要はそれなりに期待できますが、現状ではミニバンやSUVのハイブリッド車が売れ筋です。しかしそれも従来の正攻法では売れ行きに陰りが出てきました。テレビCMやイベント集客の効果も鈍ってきています。販売台数を伸ばすために、何か新しい取り組みはできないものでしょうか。

代理店

すでに御社の特定車種の購入を検討しているお客様は、マスやデジタルの広告→検索→Webサイト→ディーラーの流れで購入してもらう導線が設計できていますが、それはあくまでホットなお客様を獲得するもので、将来のお客様を育成できているとは言えませんよね。顕在顧客の獲得に向けては現状のマーケティング施策の効率性をさらに向上させる取り組みを行うとして、御社の自動車を買ってくれるお客様をもう少し長い目で育てていく取り組みが必要だと思います。

企業

なるほど。具体的にはどんな取り組みが考えられますか？

代理店

近年注目を集めている施策として、コンテンツマーケティングが挙げられます。「いま買ってくれる可能性が高い顧客層」に対して広告で直接的にアプローチするのではなく、「いまは車に興味はないが、いつか買うかもしれない顧客層」に対してアプローチするのです。相手は「いまは車に興味はない

層」ですから、売り込みはご法度です。コンテンツを通して、まずは「車そのもの」に興味を持ってもらうことを目指します。

企業

なるほど。まずは車に興味を持ってもらうことから始めるのですね。たとえばどんなテーマが考えられますか？

代理店

Instagramによる「映え」文化、アウトドア需要の拡大、有名タレントや芸能人キャンパーの人気上昇など、現在は、第三次キャンプブームと言われるほど、キャンプが盛り上がっています。キャンプに行きたくなるコンテンツを制作し、そこから「キャンプに行くなら車が必要だ！」とつなげるのはいかがでしょうか？

企業

いいですね。弊社のミニバンやSUVは荷物もたくさん積めますから、キャンプ用途としては最適です。ぜひ提案書を持ってきてください！

（後日）

代理店

具体的なご提案書をお持ちしました！　キャンプの魅力や楽しみ方、始めるために必要な道具や選び方、始める際の注意点をはじめ、アウトドア料理のレシピやキャンプの行き帰りで楽しめるドライブ情報など、キャンプ入門者が読みたくなるWebコンテンツを24本考えてきました。
キャンプに関するコンテンツですから、多くの撮影はキャンプ場で行う必要があります。キャンプ場は都心から車で2時間程度かかりますから、撮影は丸1日かかります。1日の撮影で2、3本分のコンテンツ撮影を行いますが、カメラマンや家族モデルのアサイン、道具のレンタル、食材の調達、記事を

制作する編集とライターが必要ですから、制作費は1本あた
り50万円ほどかかります。24本だと1,200万円ですね。
コンテンツの更新は週1回で月に4本。24本制作すれば半年
間運用できます。記事を掲載するWebサイトにはGoogle
Analyticsを入れ、PV（Page View＝閲覧数）やUU（Unique User
＝訪問者数）や再訪率を計測します。もちろん、各記事の末尾
には記事で使用する車種のブランドサイトへリンクを張りま
すから、記事を読んだ読者をどのくらいサイトに送客できて
いるのか、キッチリ計測します。まずはこれくらいで始めて
みませんか？

企業

数値もしっかり把握できるなら安心ですね。私はやりたい気
持ちですが、金額が大きいですから、念のため部長にも相談
して後日ご連絡します。

（後日）

企業

部長のOKが出ました！　ただ、金額が大きいので、今回の
取り組みがどのくらい「売り」に貢献したのかも計測するよ
う言われました。弊社のWebサイト運用ではディーラー検
索数と試乗予約数も計測していますので、その数値もKPIに
加えていただくことは可能ですか？

代理店

承知しました！　では、記事ごとのPVやUUや再訪率、ブラ
ンドサイトへの送客数、ブランドサイトでのディーラー検索
数と試乗予約数をKPIとして運用致しましょう！

企業

新しい取り組みで、どんな良い結果が出るか楽しみです！

第1部　なぜいまマーケティングの現場で〝医療ミス〟が頻発しているのか

いまどき、ここまで牧歌的な企画が通るほど自動車メーカーも不勉強ではありませんが、似たようなケースはごまんとあります。

　本事例で発生している数々の「致命的なミス」の要因を紐解いてみましょう。

要因D-1　時間軸が間違っている

　コンテンツマーケティングは「見つけてもらう施策」ですから、成果が出るまでには一定の時間がかかります。商材やテーマにもよりますが、週1回の更新なら成果を感じるまでに最低でも半年、一般的には1年以上かかると考えた方が無難です。しかもそれは「お、少し効いてきたかも……?」というもので、「サイトに人がどんどんやってくる!」とか「商品がバンバン売れ始めた!」というものではありません。「結構読まれるようになってきた」「検索経由での記事流入が増えてきた(コンテンツSEOが効いてきた)」「(BtoBの場合)ポツポツ引き合いが入るようになってきた」くらいのものです。

要因D-2　コンテンツも飽和している

　本事例ではキャンプをテーマにコンテンツを更新することになりましたが、現代は商品だけでなく、コンテンツすらコモディティ化を極めている時代です。特にキャンプ入門者〜初心者をターゲットとしている記事は多く、アウトドアメディアや個人ブログ(note)など、すでに良質かつ膨大な量のコンテンツが流通してしまっています。数千、数万ある既存のキャンプコンテンツの海に、わずか24個の新作コンテンツを投げ入れたとて、よっぽど新規性や独自性のあるものでない限り読んでもらえる確率は低く、効果は限定的でしょう。商品に競合がいるように、コンテンツにも競合がいることを忘れてはいけません。

要因D-3　導線が設計されていない

　大量の情報で溢れ返るアテンションエコノミーの現代、いかに良質なコンテンツであろうと、気づいてもらうためには相当の努力が必要です。本事例は「コンテンツを作ってWebサイトに置いておけば一定の人に読んでもらえる」牧歌的なプランになっていますが、そんなことは起こるはずがあ

りません。

　「見つけてもらう」ことを目的としてコンテンツを作ったのに、誰にも読んでもらえないため、記事に広告を当てて読者を増やすという「広告のための広告」を出稿する羽目になったなんて笑えない話もあります。

　きょうび、たとえ広告を出稿してもなお十分な読者が集まらない厳しい環境下であることを肝に銘じ、「良いコンテンツを作ること」と同等ないしそれ以上に「どうやって気づいてもらい、読んでもらうか」の策を講じる必要があります。

要因D-4　読了率が考慮されていない

　「記事の末尾にリンクを張り、ブランドサイトへの送客数を計測する」とありますが、読了率が加味されていない可能性が高そうです。ブランドサイトへのリンクは末尾に記載されているため、最後まで読了した人にだけリンク先が表示されることになります。

　そのため、「記事PV×CTR＝サイト送客数」ではなく、「記事PV×読了率×CTR＝サイト送客数」が正しい計算式となります。

　ちなみに、一般的なオウンドコンテンツの読了率は40〜50％と言われますが、個人的な経験ではもっと低いと思われます。

　仮に記事PVが1,000で、CTRを1％とした場合、1,000×1％＝サイト送客数10と計算されますが、記事読了率が20％だった場合、1,000×20％×1％＝サイト送客数2となり、大きく数値は下がるため注意が必要です。

要因D-5　KGIとKPIが間違っている

　本事例では、KPIとして記事PVやUU、再訪率などが設定されていますが、医療ミス②でも解説した通り、コンテンツは読まれることそのものが目的なのではなく、読んでもらうことで意識や態度を変えることが目的です。それをKGIに設定していない時点で誤りです。

　次に、細かなKPIシミュレーションをしていないことも問題です。仮に、1記事あたりPVを1,000とした場合、制作費50万円÷1,000＝1記事の情報伝達コストは500円となります。読了率が20％なら読了単価は2,500円です。

1本の記事を読んでもらうことによる意識・態度変容単価として2,500円が妥当なのかどうか、判断する必要があります。しかも、この2,500円は「自社の車」に対する意識・態度変容コストではなく、「キャンプに行きたくさせる」ためにかけているコストであることを忘れてはなりません。

　そして、サイト送客数がKPIになっていますが、本コンテンツの読者ターゲットは「現時点で車に興味がない層」ですから、1本の記事を読んですぐに車に興味を持つ人はかなり限定的でしょう。仮にCTRを1%と見積もった場合、前述した通り、1,000PV×読了率20%×CTR1%＝サイト送客数は2となり、記事制作費50万円を2で割るとCPCは25万円という驚異的な数値となります。

　最後に最も致命的なのは、ディーラー検索数や試乗予約数をコンテンツマーケティングのKPIに加えてしまっていることです。図2-5を見てください。

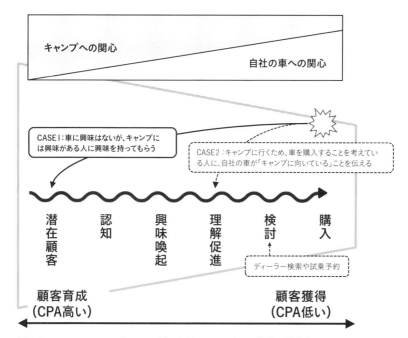

図2-5　コンテンツマーケティングにおけるKGI／KPI設計の留意点

　今回の取り組みは、「現時点では車に興味はないが、キャンプには興味がある層」にキャンプコンテンツを当てることによってキャンプ自体の興味を喚起し、ゆくゆく「キャンプに行くなら車が必要だよな」とつなげることでした。

　つまり、自動車メーカーが狙うターゲットとしては「購入から最も遠い場所にいる潜在顧客層」にアプローチしているのです（CASE 1）。「すでにキャンプへの興味が喚起されており、キャンプに行くための車の購入を検討しているニーズ顕在層」にアプローチするCASE 2とは「購入というゴールテープまでの残距離」がまったく違います。

　ブランドサイトでディーラー検索や試乗予約をする人はどんな人でしょうか。

　そうです。すでに購入の直前まで近づいてきている超ホットな見込み客です。ディーラー検索は「そろそろ実車を見てみたいな」というサインであり、試乗予約は「乗ってみてよかったら見積をもらっちゃおうかな」というサインです。どちらも購入の直前にいる顧客が出すフラグであり、ファネルの最終局面にいることを示しています。

　対して、本施策は購入から最も遠い位置にいる潜在顧客層の興味を喚起することが目的です。しかも、自車に対する興味喚起ではなく、キャンプに対する興味喚起です。現時点で車にまったく興味がない層にアプローチするコンテンツマーケティングのKPIが、具体的な車の購入を検討する最終局面にいる顧客がとる行動（ディーラー検索や試乗予約）と同じでいいはずがありません。

　顕在顧客層に対する運用型広告で（Webサイトへ）連れてきた層ですら、ディーラー検索率は1〜3％がいいところです。本ケースでは1％に届かないでしょう。すると、コンテンツ24本×平均PV1,000×読了率20％×CTR1％×ディーラー検索率1％＝1件未満となり、1,200万円を投じてディーラー検索数0件という恐ろしい結果となり、関係者全員が不幸のどん底に落ちることになります。

　本施策の正しいKGIは、記事を読むことによって、

• キャンプに行きたいと強く思った人数

- キャンプに行くなら車が必要と認識した人数
- 自車が、いつかキャンプ用途の車を購入する際の「購入の選択肢」に入った人数

あたりが正しいKGIでしょう。そして、それぞれ一連の意識・態度変容単価が他のマーケティングコミュニケーション施策と比べて効率が良いかどうかを冷静に判断するべきだったのです。

「コンテンツマーケティングは顕在顧客だけでなく、潜在層にも効果的にアプローチすることができる？」は落とし穴が多く、最も多くの、そして大きなミスが多発するパートであるため、少々細かく解説しました。引き続き、コンテンツマーケティングに関する「致命的なミス」について説明します。

要因E 「コンテンツで既存顧客のLTVを向上できる」という誤解

確かに、コンテンツによって既存顧客のLTVを向上させることは可能です。しかしそれは本ケースのようなワンコンテンツ、マルチユースのような「ざっくりした施策」で実現できるようなものではありません。

ソニーマーケティングは10年ほど前から「P3」と呼ぶ活動を行っていました。P3とはソニー商品の購入後3ヶ月（Post Purchase）を意味し、この期間内に3回以上、メールやアプリを通して顧客と接点を持つことがLTV向上の秘訣としました。

ただし、自社の商品購入者に対して「次はこれを買ってくれ、その次はこれも買ってくれ」と売り込みをしているわけではありません。あくまで購入した商品を使いこなしてもらい、商品の楽しさを最大化することで満足度を上げ、その結果として周辺機器の購入や、より上位機種への買い替えが生まれると言います。そのため、顧客に送る情報は、商品を使いこなすためのハウツーやノウハウ、開発者のこだわりなどを中心とし、買い増しすると便利になる周辺機器情報などは「脇役」です。

同社のポストマーケティング（買ってもらってからのマーケティング）活動はさらに進化を遂げ、現在ではユーザーのサイトへの流入元や滞在時間、Web上の機能の使用履歴のほか、顧客へのアンケートデータ、直営店やイ

ベントに来訪してくれた顧客の行動データ、アプリを利用したイベントへのチェックインデータ、オウンドメディアで取得不能な特定分野への興味やライフステージ情報（サードパーティーDMP〔データマネジメントプラットフォーム〕から取得）などを機械学習させることで、より精度の高いOne to Oneマーケティングを設計・実施しています。

　具体的には、上記の様々なデータを統合・分析することでお客様が購買ステップのどの段階にいるのかを把握し、ネクストステップとの差分を検討することで、お客様にとって心地が良く、かつ購買ステップを次に進めるコミュニケーションを設計。そして、バナーやソーシャル、メールやアプリなどのツールを利用して、個々のコミュニケーションをきめ細かく実施していくのだと言います[2]。

　これが「お客様にとって有益なコンテンツを届けることで、既存顧客のLTVを向上させる取り組み」の最前線です。コンテンツを作り、それを既存顧客に読んでもらえれば商品の買い替えが促進されてLTVが向上するなどといった「ざっくりした施策」が通用するほど甘い時代ではないのです。

要因F 「コンテンツがSNSでバズって集客力が上がる」という誤解

　最後に、コンテンツがSNSで拡散してサイトへの集客力が上がるかについて。医療ミス②でも解説した通り、SNSで拡散する情報は、驚き、笑い、共感、賛否両論、怒り、感動など「感情の振り子」が大きく振れたときに限られます。キャンプ入門者や初心者に対するコンテンツで、これらの感情が大きく振れることなどあるのでしょうか。0%とは言いませんが、限りなく実現可能性が低いと言わざるを得ません。

　動画でもコンテンツでも「SNSと相性が良い」「SNSで拡散する（可能性がある）」といったウケの良いフレーズは、信ぴょう性が低くツッコミどころ満載のNGワードと理解しておいた方が賢明です。

※2 「ソニー "顧客に寄り添う" データマーケティング──顧客の "モーメント" を捉え、体験を紡ぐ "One to One" に迫る」Marketics, 2022/12/22更新

以上、コンテンツマーケティングの医療ミスについて解説してきました。なぜこれほど長々と解説したのかと言うと、コンテンツマーケティングは他の医療ミスでも頻出する「間違い」が大量に含まれているからです。ここで紹介したミスは、コンテンツマーケティングだけでなく、他の施策でも多く発生するものとして理解しておいてください。

医療ミス 04 バズらない or バズったけど 売上はピクリともしない

ブログやX（旧Twitter）が普及したことによって発生したバズマーケティングブームも、その登場から10年以上が経ち、さすがに近年は猫も杓子もバズマーケティングに取り組む狂乱の時代は落ち着いてきました。しかし未だに「バズりたい！」「バズれば商品がバカ売れする」「バズれば店舗やWebサイトへの集客力が爆増する！」といった「お金をかけずに逆転ホームランを狙う」企業が後を絶ちません。

こんな状況下で起こる代表的な医療ミスの現場を見てみましょう。

....

企業

（不動産会社）：
現在のCPCとCPAでは今期の目標を達成することができません。SNSでバズらせてサイト集客力を上げて売上を増やしたいと考えているのですが、ご提案いただくことは可能ですか？

代理店

可能です！　バズマーケティングには3つのメリットがあります。
1. 圧倒的な拡散力
広告は出稿した分しか表示されませんが、バズは二次拡散、三次拡散とユーザーからユーザーへ情報が広がるため、効率的に認知を向上させることができます。

2. 良い評判が広がる

バズは「クチコミ」ですから、広告よりもユーザーに信頼し
てもらえる情報が広がります。

3. サイト集客力が爆増して売上があがる

拡散したコンテンツ経由でたくさんのユーザーがサイトに流
入し、売上があがります。

企業

成功させるための秘訣は何でしょうか？

代理店

バズはインパクトが勝負です。ユーザーが「あっ」と驚くよ
うな意外性のあるコンテンツを作れなければバズは起こりま
せん。我々はSNSの特性を熟知していますので、そこはお任
せください。バズで大きく話題化し、ブランディングを推進
しましょう！

企業

弊社は、XやInstagramで公式アカウントを運用しています
が、何か有利に働くことはありますか？

代理店

あります！　御社のアカウントにはすでに数万人のフォロ
ワーがいますので、そこがバズの震源地になる可能性は大い
にあると思います。有利ですよ！

企業

それはよかった。ぜひ提案書を持ってきてください！

早速、本事例で発生している数々のミスを紐解いてみましょう。

要因A　バズマーケティングは博打性が高い

「爆発的に拡散すれば認知が向上する」のは間違いありませんが、逆に言えば「爆発的に拡散しなければ認知は向上しない」ということです。当たり前のことなのに忘れられがちなのは、バズによる情報伝播は企業によってコントロールできないという事実です。

企業にできるのは「バズる可能性を最大限高めるコンテンツを企画・制作すること」であり、それがバズるかどうかはユーザーの反応に委ねられているのです。その高い博打性を理解せず「バズること（バズマーケティングが成功すること）が前提」となった楽観的なシミュレーションは、高いリスクを内包していることを忘れてはなりません。

要因B　認知を上げたいのなら広告の方が効率が良い

「バズで認知向上」も目的として間違っています。認知を上げたいのなら、広告の方が効率的です。仮に、バズコンテンツの企画制作に500万円＋初動の広告に500万円の総額1,000万円を投じ、トータルリーチ100万を実現した場合、リーチ単価は10円です。一方、CPM（Cost Per Mille：1,000回あたり広告表示単価）500円でネット広告を出稿した場合、1回あたりの表示単価は0.5円で20倍の開きがあります（もちろん、広告の表示回数＝認知ではありませんが、バズの場合もバズるのはネタであって商品そのものではないことも多いため、どちらも必ずしも商品の認知に直結するわけではありません）。

加えて、1,000万円のバズ施策で100万リーチできるかどうかはやってみないとわからないハイリスク・ハイリターン施策であるのに対し、広告は1,000万円出稿すれば必ず1,000万円分の表示がされるため、得られるリターンの確実性は担保されています。

「認知」を上げたいのなら、広告で良いのです。広告による単純な認知の向上では解決できない課題があるからこそバズマーケティングに取り組むのであり、認知の向上をバズマーケティングに求めるのは目的がズレているのです。

では、バズマーケティングによって得られる「広告では獲得しにくい“別の効果”」とは何なのでしょうか。それは、ブランドエンゲージメントです。バズは、驚き、笑い、共感、賛否両論、怒り、感動など「感情の振り子」

が大きく振れたときに起こります。企業が仕掛けるバズマーケティングの場合、驚き、笑い、共感、感動のスイッチを刺激することで情報の拡散性を高めることが一般的です。バズマーケティングが成功するということは、こういった感情が生まれたということであり、その感情がユーザーからユーザーへ、ユーザーの言葉で伝播したことの表れなのです。バズの過程で生まれた「ブランドとユーザーの接触」は、純広告による接触とはまったく違う文脈をユーザーに刻み込みます。これこそが真にバズが狙うべき目的なのです。

要因C　バズで信頼性は向上しない

「バズ＝クチコミだから信頼性が上がる」も典型的な間違いです。SNSのタイムラインやフィードで「バーッ」と広がるバズと、Amazonや食べログなどに蓄積されるレビュー（評価）を混同しているのです。

ほとんどのバズコンテンツは「商品が素晴らしい」「みんなも買うべき」というレビューではなく、「すごい！」「おもしろい！」「感動した！」などのネタがバズっているのです。年に数回、「この映画は観るべき！」「○○の××がウマすぎてヤバい！　みんなも食べるべき」といったレビュー（評価）やレコメンド（推奨）がバズることがありますが、それらは新規性、独自性、意外性、高い製品パフォーマンスなど、類まれなる特徴を持った例外的なものであり、残念ながら大半の商品やサービスでそんなことは起こりません。

クチコミには「タイムライン型のUGC」と「検索型のレビュー」の2つがあり、バズは前者で起こり、商品やサービスの信頼性は後者で生まれます。そしてこの両者が同時に発生することは、上記の例外を除いて起こり得ませんので注意してください。

要因D　サイト集客力が爆増するケースは稀

サイト集客の導線は、URLクリックか検索経由の2つしかありません。ユーザーがSNSに投稿する際、ご丁寧にサイトURLをつけてくれることなどほとんどありませんから、たとえコンテンツがバズってもURLクリックによるサイト集客は増えません。

また、SNSのタイムラインでバズコンテンツを見た後、検索してサイトに来てくれる人もほとんどいません。「なにこれ！」「すごい！」「おもしろい！」「感動した！」と拡散に参加し、1秒後には次の（まったく別の）投稿に目を移してしまうのが現実です。

　「そんなことはない！　バズで大量の検索が生まれ、サイト訪問者が爆増して商品がバカ売れした事例はある！」という反論が予想されますが、それは数百分の一の確率で起こる再現可能性の低い稀な成功事例です。それを再現できると考えるのはあまりにもリスクが高すぎます。

要因E　バズはターゲティングできない

　バズはターゲティングの精度が低いことも知っておくべきです。先に述べた通り、バズるかどうかはユーザー次第で、企業はコントロールすることができません。情報が誰に届き、誰から誰へ伝播するかはアンコントローラブルなのです。

　企業にできることは「ターゲットが反応しそうなコンテンツを企画制作すること」までであり、それが実際誰にリーチするかは統制不能です。そのため、バズマーケティングはターゲットが広い、つまり大半の人がターゲットになりえる最寄品とは相性が良いですが、一部の人しかターゲットにならない商品はターゲット外への無駄リーチが多く、効率的な手法とは言えません。

要因F　バズで売上が増えるのは最寄品などの一般消費財のみ

　バズによって売上があがる可能性があるのは、ターゲットの広い最寄品（一般消費財）に限定されます。これはターゲットの広さだけでなく、商品の購買特性に起因しています。図2-6を見てください。

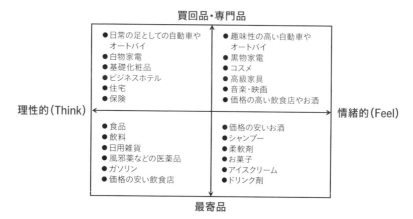

図2-6 商品カテゴリーマトリクス

　最寄品とは、食品、飲料、日用雑貨などに代表される商品カテゴリーです。購入頻度が高く、価格は安い。購入して、たとえ満足できなかったとしても「次に買わなければいいだけ」なので購入による失敗リスクが小さく、総じて関与度も低い。そのため、購入前の検討はほとんど行われず、直感や習慣による購入がなされます。ニーズは常に顕在していて、なくなった商品の補充や再想起によって購入されます。

　買回品は、家電、アパレル、化粧品など、専門品は自動車、カメラ、高級家具、住宅、生命保険などに代表される商品カテゴリーです。購入頻度は年に数回から数年に1回（商品によっては一生に1回）と低く、価格は数千円から数千万円までと総じて高い。

　購入後の満足度が低くても買い替えをすることが難しいため、購入による失敗リスクが大きく、総じて関与度も高い。そのため、購入前の検討が慎重に行われます。公式サイトやクチコミサイトのレビューを読み込み、比較検討した後に購入することが一般的です。ニーズは長期間潜在期にあり、様々なトリガー（例：掃除機の場合は掃除機が故障したとき、住み替えの場合は結婚・出産・転勤など）が引かれたとき、一気にニーズが顕在化して購入プロセスに入っていくなどの特性があります。

　さて、バズによって、買回品や専門品の売上は増えるでしょうか。「○○（自動車メーカー）のバズコンテンツめっちゃかっこいいから今週末1台買っ

ちゃおうかな！」「○○（住宅メーカー）のバズコンテンツ、すごい感動したから今度1軒建てちゃおうかな！」とはなりませんよね。認知向上、興味喚起、理解促進、好意度の向上などには寄与するでしょうが、「今期の売上獲得」にはつながらないでしょう。

　一方、最寄品はどうでしょうか。「チキンラーメンのコンテンツがおもしろすぎる！」「ガリガリ君の新味が気になる！」などのバズは、久しく食べていなかった顧客の「再想起」を生みます。そもそも、大手企業が展開するロングセラー商品はすでに一定の認知を獲得しており、過去に一度は食べたことのある既存顧客基盤を持っています。しかし、多くの既存顧客は「最近食べておらず、忘れている状態」です。そこにバズコンテンツが接触することで思い出し（再想起し）、「そういえば最近食べてないな」「思い出したら食べたくなってきた」と購入に動くのです。

　これらは、（買回品や専門品と違い）再想起によってニーズが顕在化しやすい、値段が安い、どこでも買える、過去に一度は買ったことがあるなどの特性があるから売上に直結するのです。バズによって売れる商品と売れない商品があることに注意してください。

<u>要因G　インパクトで話題化の罠</u>

　「インパクトで話題化」にはリスクが伴います。XやYouTubeの普及により、この10年でユーザーの目はかつてないほどに肥えてしまいました。ひと昔前ならテレビで特集される「衝撃映像」に驚いていた視聴者も、日々SNSで流れてくる事件や事故、プロや熟練者による神業動画、日常で起こる衝撃的な瞬間、動物が見せる貴重な一瞬（だいたいものすごくかわいい）などに触れ続けた結果、そんじょそこらのネタでは心が動かなくなってしまったのです。

　「これ、前にどこかで見たやつに似てるな」「前にバズってたネタの方がインパクトあったな」という既視感は、感情の振り子を重くします。我々の感情の振り子は、日に日に「もっと刺激的なもの」でないと動かなくなってきているのです。

　これら環境の変化により、バズは「さらにインパクトのあるメッセージ」を打ち出さなければ発生しづらくなってきており、結果として一線を越え、

炎上を招く事例も少なくありません。「バズらせることそのもの」が目的化してしまい、インパクトを強めすぎた結果、ブランド価値を毀損させてしまうなんてことにならぬよう留意してください。

要因H　公式アカウントがバズの震源地になる可能性は低い

　これもよくある誤解です。確かに、公式アカウントで数十万〜数百万のファンやフォロワーを抱えていれば、一次リーチの面で有利であることは間違いありません。ただ、これはあくまで「一次リーチの数そのものの下駄的有利性」であり、「公式アカウントでつながっているファンやフォロワーが拡散の主体者になる」ことと同義ではありません。

　拡散の定義を広辞苑で引くと、「ひろがり散ること、ひろめ散らすこと」とあります。つまり、拡散とは特定少数内ではなく、不特定多数の中で無秩序に伝播していく様を意味するのです。拡散の強さは一次リーチの数ではなく、コンテンツそのものに内包されるメッセージの強さ（＝感情の振り子を動かす力の強さ）に比例します。拡散の力は、コンテンツが企業の手から離れた後も、ユーザーからユーザーへ二次伝播、三次伝播として広がっていくかどうかにかかっています。

　公式アカウントはバズコンテンツの一次リーチを広げることに一定の貢献をしますが、それは「バズの震源地」という言葉から連想される「中心地」や「拡散発生力」とは違うので鵜呑みにしないでください。

　以上、バズマーケティングの医療ミスについて解説してきました。そもそも、ひとつの施策（薬）で、「認知が上がる」「信頼性が上がる」「サイト集客力が上がる」「売上が増える」「ブランディングにつながる」など複数の効果が謳われる場合、たいていはかなり眉唾です。明確な効果を打ち出せないがゆえ「あれにも効く」「これにも効く」と言っているに過ぎません。その施策は何に効き、逆に何には効かないのか、冷静に判断してください。

05 SNS公式アカウントからの コンバージョンがほとんどない!

医療ミス

SNS公式アカウントも医療ミスが頻発する現場です。Twitterの日本への本格上陸が2009年、Facebookが2010年。これら2つのプラットフォームがもたらした大きな変化が、「企業が無料で公式アカウントを開設し、フォロワーやファンと常時つながる場所がつくれること」でした。そしてその流れは、Instagram、LINE、YouTube、TikTokと脈々と続いています。

以来、多くの企業や団体、外食・小売・サービス店が公式アカウントを開設し、様々なマーケティング効果を獲得すべく努力を重ねてきました。しかし、業界全体を巻き込んだ公式アカウントブームから10年以上が経ったいまもなお、多くの医療ミスが頻発し、「公式アカウントつくったって、ぜんぜん売上があがらないじゃないか!」「プロモーションの告知投稿をしても"いいね"が数件しかつかない。これ、やってる意味あるの?」「店舗への集客力向上にまったくつながらない!」などといった不幸が起こり続けています。

よくあるケースを見てみましょう。

企業

遅ればせながら、弊社もSNSに公式アカウントを開設しようと思っています。しかし、この領域はいままで取り組んだことがないため、知識がまったくありません。まずは改めてメリットから教えていただけないでしょうか。

代理店

承知しました! まず、公式アカウントはSNS上で運用しますから、高い拡散力を持っています。そのため、効率良く宣伝や告知を行うことができます。
ファンやフォロワーを増やすことで認知度を高め、エンゲージメントによるブランディングを推進することができ、その結果、サイト集客力や売上を向上させられます。

第2章 頻発する医療ミスとその要因

また公式アカウントの開設に費用はかかりませんから、低予算で始められます。日々の運用も、プロモーション情報やプレスリリースの投稿、マーケティング担当者様が告知したい情報を投稿すればいいので片手間で行えます。

御社商品のファンともつながり、意見や要望を受け付けることもできます。共感されるコンテンツを投稿してエンゲージメントが高まれば、ファンがファンを連れてきて、さらにファンが増えるという好循環が生まれますよ！

企業

すごいたくさんのメリットがあるのですね！　ぜひ具体的な提案を持ってきてください！

てんこ盛りの設定ですが、2024年のいまでもこのようなトークがそこら中で行われており、ツッコミどころ満載です。ひとつずつ見てみましょう。

要因A　初動の段階で間違っている

「公式アカウント運用を開始したいが、知識がないからメリットを教えて欲しい」は、手段が目的化している典型です。これ以外にも「上司に『やれ』と言われた」「競合に追いつきたい」「本国から『強化しろ』と言われた」など、始めたり強化したりする動機は様々です。いずれも公式アカウントを運用・強化すること（＝手段）が決まっていて、何のためにやる（＝目的）のか決まっていない、わからない、曖昧という状態です。

すべての施策（薬）は、マーケティングコミュニケーションの課題（病気）を解決するために行います。「何のためにやるのか、何に効くのかよくわからないけど、とりあえずやってみる」など、あってはなりません。現在抱えている病気を治すために、最も効く薬が公式アカウントならば運用を始めるべきですが、そうでないなら始める意味はないのです。

要因B　拡散力が強いのはSNSであり公式アカウントではない

　SNSはSocial Networking Serviceの名の通り、「人と人」「興味と興味」がつながる場所で、その機能的特徴から共有や拡散が起こりやすい特性を持ちます。しかしそれは「共有しやすい」「拡散されやすい」という仕組みの話であり、なんでもかんでも共有・拡散されるわけではありません。前述した通り、驚き、笑い、共感、賛否両論、怒り、感動など「感情の振り子」が大きく振れたときのみ共有や拡散が発生するのであり、多くの企業投稿は「おっ」「いいな」「素敵だ」と感じてもらえたとしても、それはあくまで「いいね」止まりであり、共有や拡散は頻繁には起こりません。

要因C　共有と拡散は違う

　ちなみに、共有と拡散は意味がまったく違います。この両者を「同じもの」として理解していることが「大いなる間違いの出発点」になっているケースが多いため、ここで正しく理解してください。

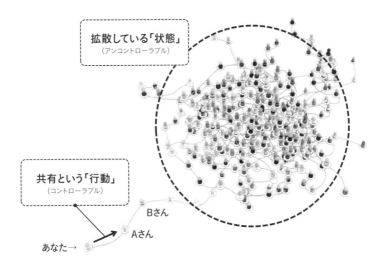

図2-7　共有と拡散※3

※3　イラストクレジット：iStock.com/higyou

　図の左下にいるのがあなたとしましょう。おもしろい情報があったので、あなたはAさんに共有をしました。共有は「あなたの行動」であり、するかしないかはあなたが決めることができます。しかし、AさんがBさんに共有するかどうかはわかりませんし、あなたがコントロールすることはできません。

　一方、右上で起こっているのは「拡散しているという"状態"」です。拡散は「不特定多数の間で情報が飛び散る状態」ですから、あなたを含め、特定の誰かの意思によって発生させることはできません。拡散とは、行動ではなく状態なのです。

　個人や公式アカウントができるのは、直接つながりのあるファンやフォロワーに向けた投稿（≒共有）であり、それが拡散するかどうかコントロールすることはできません。ですから、そもそも「拡散させる」という言葉自体が間違っているのです。

　企業ができるのは「拡散される可能性が高いコンテンツを企画・制作・投稿すること」までですから、「拡散」という言葉は安易に使ってはいけないのです。

　「フォロワーが多いインフルエンサーが投稿をすると拡散されやすいじゃないか！」と思うかもしれませんが、それは一次伝播する人の数が多いことによる拡散状態に入るきっかけをつくったに過ぎません。大きなトリガーを引いたことに間違いはありませんが、特定のインフルエンサーが「拡散させた」のではなく、特定のインフルエンサーが投稿したことによって「拡散した」が正しいのです。そのため、多くの場合、再現可能性はありません。

要因D　宣伝や告知をしてもウザがられるだけ

　あなたはどんなときにXやFacebookやInstagramやTikTokを開きますか？　そうです、暇なときです。私たちは暇なとき、暇つぶしのためにSNSを開きます。つまり、SNSを見ている人は、X検索やInstagramの#検索を除き、無目的なのです。

　そんな「特定の企業」や「特定の商品・サービス」に用のないユーザーに対して、自社の宣伝や告知ばかりしていたら相手はどう思うでしょうか。

「このアカウントはいつも売り込みや宣伝ばかりだな」「邪魔だからフォローを外そう」と思われるのがオチでしょう。

　公式アカウントの役割は、毎日のように暇つぶしのためにやってくる「自社に用のないユーザー」に対し、数秒で消費できる「ちょっと良い情報」を届けることでゆるやかにつながり続け、ニーズが顕在化したとき、真っ先に思い出してもらえる状態をつくることです。

　宣伝や告知など、自社が伝えたいことを伝えたいのなら、それは広告で行うべきです。間違っても、「公式アカウント＝宣伝や告知を無料で行える場所」などと勘違いしてはいけません。

要因E　公式アカウント運用の目的は認知度の向上ではない

　そもそも、あなたのアカウントをフォローしてくれるユーザーの大半は、すでにあなたのことを知っている人たちです。そのため、「公式アカウントで認知向上」は論理が合いません。

　広告によってファンやフォロワーを増やす場合は、あなたのことを知らない非認知層にも届くでしょうが、近年の各SNSにおける1人あたりファン（フォロワー）獲得コストは100〜300円と決して安くはありません。くどいようですが、ネット広告の一般的なCPMは500円程度（1インプレッション単価は0.5円）です。認知を向上させるために、1人あたり数百円払うのでは費用対効果が合いません。

　バズマーケティングの医療ミス④でも解説しましたが、単純に認知を向上させたいのなら最も認知獲得効率の良い広告を打った方が効率が良いのです。

要因F　ブランディングの定義が曖昧すぎる

　相手を煙に巻く際に使われるマジカルワードNo.1が「ブランディング」です。ブランドには、ターゲット顧客に数ある商品・サービスを「識別」させる役割と、商品・サービスが提供するベネフィットを瞬時に伝える役割があり、ブランディングとはそれらを向上させるための諸活動を指します。

　また、経営学者のデービッド・アーカーは著書『ブランド・エクイティ戦略』（ダイヤモンド社）の中で、ブランド・エクイティ（ブランド資産）は、ブ

ランド認知、知覚品質、ブランド連想、ブランドロイヤルティ、その他資産（知的所有権など）の5つの要素でつくられるとしています。

多くの現場ではこれらの基礎的な定義をすっ飛ばし、「認知されることや、なんとなく良いイメージを形成すること＝ブランディング」とされますが、まったく正しくありません。

仮に公式アカウント運用の目的をブランディング（≒ブランド・エクイティを向上させること）とするならば、ファンやフォロワーとつながることで、

- 自社商品を知らない人に、どのくらい知ってもらえたのか（＝認知向上効果）
- 自社商品の品質が、競合商品と比べてどのくらい優位と認められたか（＝知覚品質の向上効果）
- 自社商品から連想されるものが、競合商品と比べてどのくらい多く、ポジティブで、力強いものになったか（＝ブランド連想の拡大効果）
- 競合商品ではなく、できる限り自社商品を買い続けたいと考える気持ちをつくれたか（＝ブランドロイヤルティの向上効果）

などを測定しなければなりませんが、大半の現場ではファンやフォロワーが増えることやエンゲージメント率が高まることを「ブランディングが推進されています！」と言っているに過ぎません。

要因G　サイト集客や短期的な売上の向上にはつながらない

最も大きな誤解が、「公式アカウントを運用すれば、サイト集客力や短期的な売上の向上効果が期待できる」というものです。改めて言っておきます。公式アカウントで商品は売れません。正確に言えば、「売れなくはないが、売ることを第一義とするなら、他のやり方で売った方がはるかに効率が良い」となります。

理由は、先に解説した通り、SNSにアクセスしてくるユーザーは、あなたに用があるのではなく、ただ単に暇をつぶしに来ている人たちだからです。ニーズがONになった人（＝いますぐ客）はSNSではなく検索エンジンに行きます。そして、検索エンジンを経由してWebサイトやECサイトに来

てくれます。商品を売りたいのなら、ニーズがONの人がたくさんいる検索エンジンやWebサイトやECサイトでマーケティングをした方がはるかに効率的です。

　では、公式アカウントのメリットとは何なのでしょうか。それは、ニーズがOFFの人たちとつながり続けられることです。検索エンジンやWebサイトの弱点は、自社に用があるときは来てくれるが、用がないときは来てもらえないことにあります。しかし、第1章の「いますぐ客とそのうち客」の説明の中で伝えた通り、多くの勝負は「用がある＝ニーズが顕在化したとき」にはすでに勝敗が決してしまっています。

　だからこそ、自社に用がない「そのうち客」と長い期間、うっすらとゆるやかにつながり続け、自社商品が顧客の想起集合に入り続ける活動が大事なのです。「長期にわたるゆるやかなつながり」を他の施策で代替することは容易ではありません。広告ではお金がかかりすぎますし、メルマガは強い関与がなければ登録してもらえません。

　これが「SNS公式アカウントという薬が持つ他にはない効能効果」であり、決して「短期の売上獲得に効く薬」ではないのです。

要因H　低予算では運用できない

　よくある誤解の解説を続けます。「公式アカウントは開設自体は無料だから低予算で始められる」も正しくありません。確かに、開設自体は無料でできます。しかし、開設したとて、ファンやフォロワーがいなければ運用効果は得られません。では、どのようにファンやフォロワーを増やすのか。答えは、広告です。

　XならX広告を、FacebookならFacebook広告を、InstagramならInstagram広告を打たない限り、ファンやフォロワーは増えません。広告を打たずにファンやフォロワーを増やせた時代は10年前に終わっています。現在は、ほぼすべてのアカウントが広告やキャンペーンによってファンやフォロワーを増やしています。先に述べた通り、現在における1人あたりファン・フォロワー獲得単価は100〜300円です。仮に獲得単価200円として、10万人のファンやフォロワーを獲得したいのなら2,000万円の広告予算が必要ということです。

低予算で始められるからとアカウントを開設し、広告予算がないからと広告を打たずに運用をしていてもファンやフォロワーが増えず、「これ、ほとんど誰も見てないのに、やってる意味あるのかな……」となることは自明の理なのです。

要因I　片手間では意味のある運用はできない

確かに、片手間で運用することは可能です。しかし、本業の片手間で作られた質の低い投稿を、誰が喜んで見てくれるのでしょう。

SNSのタイムラインやフィードに流れる投稿の主役は、ユーザー投稿です。ユーザーは、自分がフォローしているフォロイーや友だちの投稿を見に来ているのであり、企業アカウントの投稿を目当てにSNSを開く人はごく少数です。ひとたびSNSを開けば、様々なニュースや話題の記事や動画、友人や知人の近況報告が溢れています。その中に、片手間で作った企業投稿が流れてきたらどうでしょうか。「ふ〜ん」どころか、目にも入らず0.1秒でスクロールされて終わりです。

SNSのタイムラインは、数千、数万の個人や企業が入り乱れる0.1秒単位のアテンションや興味の争奪戦場です。片手間で作る投稿で勝負できるほど甘い世界ではありません。

要因J　双方向にした瞬間、かなりの手間がかかる

SNSはもともと双方向プラットフォームですから、ファンからの意見や要望を受け付けることは可能です。しかし、「ファンからの意見や要望しか受け付けません」などと告知することは感じが悪いし、そもそも「ファンの定義」が曖昧です。

となると、すべての人からの意見や要望を受け付けることになりますが、実に様々なものが投げ込まれることになります。ひとたびもらった意見や要望は、返答する義務があります（返答しないと「意見や要望をくれと言われたから投稿したのに、何の反応もなくなしのつぶてだ。返答しないのなら初めから意見や要望をくれなんて言うなよ！」と大きな反感を買うことになります）。

ユーザーからすれば投稿先は公式アカウント1箇所ですが、企業の組織は縦割りです。SNS担当は、商品のことなら商品担当、広告のことなら広

告担当、リリースのことなら広報担当、売り場のことなら営業や事業担当、特定店舗のことなら店長やブロックマネージャーなど自社の複数部署へそれぞれ質問を投げ、回答を取りまとめ、返信投稿し、さらに質疑応答を重ねる必要があります。

　かくして大半の企業は「こりゃ大変すぎて続けるのは無理だ……」と諦め、通常運用に戻ります。双方向コミュニケーションには相当な覚悟が必要なのです。

要因K　ファンはファンを連れてこない

　最後に。きょうび、ファンはファンを連れてきません。この論は、質の高い投稿をしていればエンゲージメント率が上がり、エンゲージメント率が上がれば「友だちの友だち」のフィードにも投稿が流れることによって新規ファンが増えることを根拠としています。しかし、そんな時代も10年以上前に終わっています。

　現在は、ファンやフォロワーの量（リーチ）を増やすのは広告で、質（エンゲージメント）を高め、想起率・好意度・購入意向を向上させるのは（投稿コンテンツの企画制作を含む）きめ細かな運用で、というのが正解です。

医療ミス **06** インフルエンサーに投稿してもらったのにぜんぜん拡散しない

　広告の影響力低下、SNSの普及によるトライブ（Tribe：共通の興味関心を持った集団）の可視化、ユーザーのメディア接触時間におけるSNSの存在感拡大、インスタグラマーやYouTuberなどに代表されるインフルエンサーの登場などにより、2000年代以降、特に2010年代からインフルエンサーをマーケティングに活用する手法に注目が集まりました。

　商品カテゴリーとの相性はあるものの、確かにインフルエンサーマーケティングには一定の効果があります。しかし「大きな期待が寄せられるところに医療ミスあり」も事実です。

　よくあるケースを見てみましょう。

企業

近年、広告効果が落ちてきているため、インフルエンサーマーケティングに取り組み、広告効果を高めたいと考えています。どんな効果があるのか、教えていただけますでしょうか。

代理店

承知しました！　まず、インフルエンサーマーケティングの最大のメリットは、影響力の強いインフルエンサーに消費者目線でレビューを投稿してもらえることによる共感性の高い訴求力にあります。インフルエンサーの投稿は、ユーザーが普段見ているSNSのタイムラインやフィードに流れてくるため、広告っぽくなく、自社商品を効果的にPRすることができます。投稿の拡散性も高いため、効率的に認知を向上させることも可能です。

ターゲティングしやすいことも特徴です。インフルエンサーのフォロワーは、共通の興味関心を持った人たちが多いため、たとえば旅行のインフルエンサーなら、多くの旅行好きに情報を届けることができます。そのため、サイト集客力や売上を向上させられます。

インフルエンサーに依頼する仕事は、ギフティングによるPR投稿だけでなく、イベントへの参加、ライブコマースへの出演、アンバサダーとしての日常投稿など、柔軟な取り組みが可能です。

また、インフルエンサーマーケティングはデジタル施策ですから、細かいデータ取得が可能です。どのインフルエンサー投稿がマーケティングに寄与したのかきめ細かく効果検証し、PDCAを回すことができます。投稿は半永久的にSNS上に残りますから、SEO効果も期待できます。

これら複合的な効果によって、広告費を削減することにつながります！

メリットだらけですね！　ぜひ提案書を持ってきてくださ
い！

....

要因A　消費者がインフルエンサーを信用する理由を理解していない

　消費者がインフルエンサーを信頼する（＝インフルエンサーの影響力が拡大
している）理由は、メディア接触時間の変化（マスメディアが減り、ネットや
SNSが伸びた）、メディア接触態度（積極的に接触するメディアや信頼するメディ
ア）の変化、憧れを持つ対象の変化（芸能人や有名タレント一極集中から身近な
存在への共感）など様々ありますが、一番大きいのは近年の広告が失いつつ
ある信頼性（Credibility）でしょう。

　従来は、広告の力が強かったため、多くの宣伝予算を持つ企業がマーケ
ティングコミュニケーションで勝利することができました。しかし、少しの
商品改善でも「すごい新商品が出ました！」とあおり、常に「買ってくれ」
と売り込んでくる広告の邪魔者化は昨今さらに加速しているように感じま
す。それに対して相対的な影響力を高めているのが、Earnedメディア
（PR）とSharedメディア（ソーシャルメディアやSNS）です。

　あなたは、「新商品が出ました！　ものすごくおいしいですよ！」という
テレビCMと、「いま話題の新商品を食べてみます。うわ！　すごくおいし
いですねこれ！」と紹介するテレビの情報番組と、どちらに心が動くでしょ
うか。答えは火を見るよりも明らかです。

　広告は自社の売り込みで、PRはメディアから発信される中立的な情報で
す。消費者は企業との利害関係がない情報を信じる傾向があり、それがレ
ビューサイトやSNSで投稿されている情報が信用される理由でもあります。消費者は、何十回も何百回も広告に裏切られた結果、企業がコント
ロールすることのできないEarnedメディアやSharedメディアを信じるよ
うになったのです。

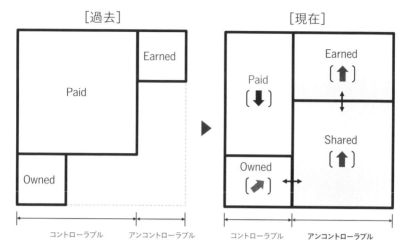

図2-8　メディアの種類と影響力の変化

　消費者がインフルエンサーを信じる理由は、インフルエンサーが「ひとり Earned + Shared メディア」の役割を果たしているからです。自分と同じ消費者の立場（Shared メディア）で、客観的・中立的な発言（Earned メディア）をしているから信用されるのです。

要因B　「広告っぽくない広告だから効く」という誤解

　インフルエンサーマーケティング最大の闇が、「広告っぽくない広告」という業界内に蔓延する悪しき認識です。この表現には、「広告は効かないが、インフルエンサーという隠れ蓑をまとった広告ならば消費者は広告と認識しないため、うまく欺くことができる」という極めて不誠実な動機が垣間見えます。

　インフルエンサーの投稿をお金で買う行為は禁じられているわけではありません。広告会社などが加盟するWOMマーケティング協議会が策定したクチコミマーケティングの自主基準「WOMJガイドライン」では、「#PR」や「#Sponsored」など、企業との関係性や便益を明示すれば実施することに問題はないとされています。しかし、それらのタグさえつければ何をしても構わないわけではありません。「できる限り広告と気づかれないようにうまくやろう」と消費者を欺くような気持ちを持つことは、マーケ

ティング従事者として決して許されるものではありません※4。

　インフルエンサーマーケティングは、客観的・中立的な感想や意見を述べるからこそ信用されているインフルエンサーの力を借りたPaid施策（＝広告）であることを忘れてはいけません。

要因C　インフルエンサーの「自由裁量」を認めてこそ効果がある

　確かに、インフルエンサーの投稿は自身が感じた感想や意見を述べるため、企業による売り込み色が薄く、広告よりも共感性が高くなる傾向があります。しかしそれは「インフルエンサーが投稿する内容に企業は口を出さないこと」が大前提です。企業が情報をコントロールしないからこそ、リアリティや信頼性が増すのです。

　では、多くの「インフルエンサーマーケティング案件」ではどのような運用が行われているのでしょうか。すべての案件ではありませんが、インフルエンサーが投稿する内容、具体的には使用してもらいたい形容詞や表現、逆に使用を禁止する言葉や表現、商品を撮影するアングルなどまで細かく指定する企業が存在します。そういった企業は、インフルエンサーが投稿する前に「事前にチェックして校正を入れる」ことも珍しくありません。

　これではインフルエンサーが投稿することによる「中立性や客観性」「リアリティ」も何もあったものではありません。インフルエンサーが投稿する内容をまるで広告のように事細かに統制しておきながら、「共感性高く訴求できます」と表現するのは矛盾しているのです。

要因D　インフルエンサーもいろいろいる

　本件では「インフルエンサー」が一緒くたに語られていますが、インフルエンサーには大きく分けて3つのタイプが存在します。

※4　2023年10月1日、消費者庁はステルスマーケティング（広告であることを隠して宣伝する行為）を景品表示法で禁止されている「不当表示」に指定し、規制を開始している。企業などが依頼したにもかかわらず、SNSで影響力のあるインフルエンサーなどが個人の感想を装ってSNSで宣伝する行為は違法なのでご注意を。

第2章　頻発する医療ミスとその要因

①トップインフルエンサー

Instagram や YouTube、X やブログなどでコスメやファッション、食やビジネスなど特定のテーマについて発信し有名になった個人を指す。10万〜100万人のフォロワーを持つ「ネットの有名人」。

②カテゴリーインフルエンサー

コスメやファッション、ビジネス、料理、ガーデニング、インテリア、家具、DIY、自動車、キャンプ、楽器、プラモデル、ジオラマなど様々なカテゴリーで支持されている「知っている人は知っている特定領域の有名人」を指す。フォロワー数は1万〜10万人とリーチは限定的ながら、特定領域における権威性と信頼性は高く、当該領域内ではトップインフルエンサーよりも強い影響力を持つことも少なくない。

③ブランドインフルエンサー

特定ブランドの大ファンで、頻繁に Instagram や X などで当該商品の素晴らしさや自身のこだわりについて発信している人たちを指す。フォロワー数は数百〜数千人と限定的ながら、特定商品に対する深い愛情からフォロワーの態度変容を促す一定の力を持つ。

今回の「現場」で代理店は、「インフルエンサーのフォロワーは、共通の興味関心を持った人たちが多い」と表現しましたが、これが該当するのはカテゴリーインフルエンサーだけです。トップインフルエンサーのフォロワーの多くは「テーマや領域」というより「トップインフルエンサーその人そのもの」に興味がある人たちが多く、必ずしも特定の興味関心を持った層とは言えません。また、ブランドインフルエンサーのフォロワーも、同じ商品やサービスが大好きなファンも一部いるものの、普通の友だちや会社の同僚などの比率が高くなっています。

要因E　ターゲティング精度なら広告の方が高い

「インフルエンサーマーケティングはターゲティングしやすい」というのは、ターゲティング精度であれば広告の方が高いので正しい表現ではあり

ません。そもそも、何の施策と比べて「ターゲティングしやすい」のかも曖昧です。インフルエンサーを含む個人がSNSに投稿する情報が、どんな興味関心を持った人にリーチするのかをコントロールすることは不可能であり、カテゴリーインフルエンサーを起用する際においても「対象トライブにざっくりリーチすることができる」が正しい表現でしょう。ターゲティング精度を高めるなら、デジタル広告に勝る手法はないのです。

要因F　拡散する投稿はごくわずか

「SNS＝拡散」ではないことは前述した通りです。インフルエンサーの力は一次リーチの広さ（フォロワーの多さ）であり、拡散力ではありません。ましてや、投稿内容を企業によって細かくコントロールされた「作り込まれた広告のような投稿」が驚きや共感を呼び、拡散される可能性は極めて低いと言えるでしょう。

要因G　インフルエンサーの真の価値は認知向上ではない

インフルエンサーマーケティングの商談時に挙げられる効能効果の1位は「認知向上」ですが、それも正しくありません。確かに、トップインフルエンサーは多くのフォロワーに一次リーチできるため、一定の認知獲得効果があります。しかし、前述した通り、認知を上げるなら広告の方が圧倒的にコスト効率は高いのです。

仮に、10万人のフォロワーを持つインスタグラマーを30万円で起用したとします。単純計算すれば30万円÷10万フォロワー＝リーチコスト3円ですが、フォロワー全員がインフルエンサーの投稿を見るわけではありません。仮にフォロワーの20％が投稿を見た場合、30万円÷2万フォロワー＝15円となり、一般的なデジタル広告のCPM500円（1インプレッション単価0.5円）の30倍となります。

インフルエンサーマーケティングの真の価値は認知の向上ではなく、広告では獲得しづらい「興味喚起」「好意度の向上」「信頼性の向上」です。興味がない商品の広告を10回見せられても、興味がないものは興味がありません。しかし、好きなインフルエンサーが「意外と良くてびっくりした」と投稿していれば興味がわき、「最近のお気に入り」と投稿していれば好意

度が増し、「これ絶対オススメです！」と投稿していれば信頼度が向上する可能性が高まります。これらの効果を広告で獲得することは容易ではありません。インフルエンサーマーケティングの真の価値は、認知向上ではなく、興味喚起、好意度向上、信頼度向上の3つが狙えることなのです。

要因H　短期的な売上獲得効果は、衝動購買が起こる業界のみ

　インフルエンサーマーケティングにおける最も大きな誤解は、「インフルエンサーが投稿すれば、情報が拡散してサイト集客力や売上が向上する」というものです。しかし冷静になってよく考えてみましょう。インフルエンサーが情報を投稿する場所はSNSです。医療ミス⑤で解説した通り、SNSを見ている人は「暇つぶし」が主目的であり、特定の商品に対するニーズはOFFの状態です（ONの人は検索エンジンにいる）。

　それはつまり、インフルエンサーの投稿を見る大多数のフォロワーは、その投稿で紹介される商品やサービスに対して明確なニーズを持っていないことを意味します。インフルエンサーの投稿を見るその瞬間までニーズがOFFだったフォロワーが、投稿を見た瞬間に「私も欲しい！」とニーズが顕在化し、大挙をなしてWebサイトに大量の人がやってきたり、商品が飛ぶように売れるなんてことは容易には起こり得ないのです。

　もちろん、インフルエンサーの投稿がバズりにバズり、一夜にして商品がバカ売れする事例もなくはありません。しかしそれは万に一つあるかどうかの異常値で再現可能性は極めて低く、「インフルエンサーマーケティングを営業する代理店やベンダーが使う必勝セールストーク」くらいに思っておいてください。

　そして、インフルエンサー投稿によって売れる商品は、医療ミス④で解説した通り、比較的価格が安く、どこでも買える数百円から数千円の商品がほとんどです。発生している事象は、「特段欲しくはなかったけど、見ているうちに欲しくなって買ってしまった」というテレビ通販の衝動購買と同じなのです。

要因I　施策ごとにKGIは異なるはず

　今回の「現場」で代理店は、インフルエンサーへの仕事依頼は、「ギフ

ティングによるPR投稿だけでなく、イベントへの参加、ライブコマースへの出演、アンバサダーとしての日常投稿など、柔軟な取り組みが可能」と紹介していました。その内容に間違いはありません。

　注意点は、それらに期待するマーケティング効果、つまりKGIはそれぞれ異なるということです。

　PR投稿であれば商品認知、興味喚起、理解促進、好意度向上、信頼度向上などがKGIになるでしょうし、イベント参加であればイベント参加後の投稿によるフォロワーの意識・態度変容効果になるでしょう。ライブコマース出演であればインフルエンサー起用によるライブ参加者の増大効果や、インフルエンサーが商品を紹介することによる購入意向の向上や売上の向上効果が、そしてアンバサダー契約であれば一定期間の継続投稿におけるフォロワーの意識・態度変容効果だけでなく、知覚品質の向上やブランド連想の拡大などのブランディング効果も期待されるでしょう。つまり、インフルエンサーマーケティングの効果は、短期的な売上の獲得効果以外のものの方が圧倒的に多いのです。

　それにもかかわらず、「インフルエンサーにはいろいろな仕事を依頼できる」として様々な活動を手伝わせた挙げ句、「でも商品はぜんぜん売れなかった。インフルエンサーが聞いて呆れる」などと誤った評価をしている現場が少なくありません。これは「インフルエンサーマーケティングには何ができて、何はできないのか」の正確な説明およびすり合わせを怠った広告主と代理店の双方の両成敗事案でしょう（インフルエンサーがかわいそうです）。

要因J　SEO効果は限定的

　たまに「インフルエンサーマーケティングにはSEO効果がある」という論も見かけますが、これも鵜呑みにしてはなりません。曰く、①最近のユーザーは検索エンジンだけでなくSNSでも検索するからインフルエンサー投稿がされていると目に入りやすくなる、②インフルエンサーが投稿することで情報が拡散し、多くのフォロワーの目に入ることによって、ブログ紹介や被リンクが増加し、結果としてSEO効果が高まる、というわけです。

　確かに、多くのユーザーは検索エンジンだけでなくSNSでも検索をしま

すが、SNS検索によって表示される検索結果は、フォロワー10万人のインフルエンサー投稿も、フォロワー50人の一般人投稿も等しく1件です。人気インスタグラマーの投稿は「おすすめ」に表示される可能性が高いため、確かに一定の効果はありましょうが、表示されている期間は限定的であり、一般的な「SEOという概念」に持たれるような中長期的な検索優位性を実現するものとは意味合いが異なります。

また、インフルエンサー投稿が拡散することによってブログ紹介や被リンクが増えるという論も「可能性としてゼロではない」ですが、効果としてはあまりに不確実および間接的で「期待できる効果」として言ってはいけないレベルだと感じます。

要因K　データ分析には限界がある

「インフルエンサーマーケティングはデジタル施策だから細かなデータ分析ができPDCAが回せる」も確認が必要です。一般的に影響力の大きなインフルエンサーほど、データがガラス張りになるOAuth認証を嫌います。そのため、たとえばインスタグラマーを起用した場合、効果検証したければ、インフルエンサー本人しか見ることのできないインサイト画面のキャプチャを提出してもらうくらいが限度というケースが少なくありません。

Instagramのインサイトデータでは、リーチしたアカウント数、いいね数、コメント数、ブックマーク数などが確認できますが、分析するためには手打ちでエクセルに入力する必要があり、分析できる内容も「どのインフルエンサーの投稿が、どの程度のリーチ、エンゲージメントだったのか」しかわかりません。

リーチやエンゲージメントはKPIであり、その数値だけ見ても「多かったのか、少なかったのか」しかわかりません。先に解説した通り、インフルエンサーマーケティングの本来のKGIは興味喚起、理解促進、好意度向上、信頼度向上、購入意向向上、それに付随した認知の向上ですから、真に効果を検証するならば、フォロワーに対するアンケート調査を実施するしかないのです。

要因L　本当に「広告費の削減」につながるのか？

　ここまで解説した通り、「広告が効かなくなってきたのでインフルエンサーマーケティングで効果的に○○実現！」という論はツッコミどころ満載で落とし穴だらけです。「広告費の削減」とは単に広告予算を減らすのではなく、「獲得売上は変えずに広告予算を減らす」ことが実現できなければなりません。少なくとも私にはその論を証明できる気がしません。

　誤解のないよう言っておきますが、「インフルエンサーマーケティングには効果がない」と言っているわけではありません。自社の抱える課題が何で、その課題解決の手段としてインフルエンサー起用が最も良い打ち手なら取り組めばいいのです。そのためには、全施策同様、病気の正しい診断、そして最適な薬の処方あるのみです。話題の施策は期待値が先行し、よく考えず勢いで進めてしまい、結果、案件に関わったすべての人が不幸になる医療ミスの温床となります。くれぐれも冷静に、慎重に検討を進めてください。

> **医療ミス 07**
> ## 戦略PRに取り組んだのに、売上がぜんぜんあがらない！

　戦略PRは、当時ブルーカレント・ジャパンで代表取締役社長／CEOを務めていた本田哲也氏が2009年に出版した『戦略PR　空気をつくる。世論で売る。』（アスキー新書）をきっかけとして、広告業界に爆発的なPRブームを巻き起こしたコミュニケーション手法です。

　ここまで様々な医療ミスの現場を紹介してきましたが、業界中が注目する画期的な新薬の登場は、効能効果に対する過剰な期待と誤った処方を招きがちです。そしてそれは戦略PRも例外ではありませんでした。

　戦略PRは、「広告を超える」または「広告に代わる」新たな「宣伝手法」として誤って認識されて浸透し、そこら中で医療ミスが発生しました。そしてそれは未だに続いています。

　よくある企業からの依頼を見てみましょう。

企業

最近、マーケティング系のWebメディアで戦略PR事例の記事を読みました。なんでも、テレビや大手Web系ニュースメディアに取り上げてもらうことによって商品の露出を増やし、売上が急増したということです。広告が効かなくなってきた時代において注目されている新しい宣伝手法のようですね。我が社でもぜひ取り組みを検討したいので、具体的な提案書を持ってきてください。

(後日)

企業

実施した調査PRやメディアイベントの露出はありましたが、肝心の商品露出がぜんぜんされないじゃないですか！　この露出のされ方では売上は増えませんよ。もっとうちの商品が前面に出たニュースをつくってくださいよ！

要因A　戦略PRは商品パブリシティではない

　戦略PRに関わる医療ミスの大半は、戦略PRを「なんだかすごい商品パブリシティ」と誤解するところから始まります。しかし、以下のように両者はまったくの別モノです。

- 戦略PR：消費者を「買いたい気分」にさせる「空気」をつくる活動
- パブリシティ：企業や団体が経営方針や施策、新商品や新サービスの情報をメディアに提供することで放送や掲載を狙う活動

　世に出回っている「戦略PRの成功事例」の多くは、「企画性の高いパブ

リシティの成功事例（＝多くのメディア露出を獲得して売上が増えた）」であり、本田氏が提唱した本来の戦略PRとは異なります。「売れる空気をつくる戦略PR」と、「自社商品を売るための情報を露出するパブリシティ」はまったく違うものなのに、一部の広告代理店やPR会社が「通常のパブリシティ支援サービス」を拡販するために、流行りの「戦略PRという名称」で営業活動を強化してしまったことが、「戦略PR＝なんだかすごくて新しいパブリシティ手法」という誤った認識を広めてしまった元凶です。

　それが、本事例のように「PR露出はされているが、自社の商品が露出されないじゃないか！」というトラブルを頻発させてしまう要因となりました。空気をつくるための戦略PRとしてメディアに取り上げられるのは、ブームや兆しとしての事象や現象（例：こんにゃくブーム）であり、自社商品のPR露出（例：○○メーカーのこんにゃく）ではありません。メディアは、客観的で中立・公平な立場から、視聴者や読者に対して時事性や新規性のあるニュースを届ける一環として「こんにゃくブームの兆し」を取り上げるのであり、特定メーカーのこんにゃくを拡販する宣伝の片棒をかつぐ必然性はないのです。

要因B　自社商品の売り込みは広告の仕事

　PR先進国の米国には、「PR First, Advertising Second」という言葉があります。これはどんなマーケティング活動も、まずはPRによって世の中の興味喚起や好意的な認識を創造し、その後に自社商品の売り込みをした方が効率が良いですよ、という意味合いです。

　ここに答えが隠されています。つまり、戦略PRの役割は自社も競合も関係なく「商品が売れる空気をつくる活動」であり、空気がつくられた後に「自社商品を選んでもらう活動」は広告の役割ということです。戦略PRは売れる空気をつくるまでが仕事。自社商品を認知・選択してもらうのは広告の役割であり、すべてを戦略PRで行おうとするのはそもそもの認識が誤っている（＝無理なこと）のです。

　関連して、下記のような行き違いも多く発生します。

（業界2位のチョコレートメーカー）：
直近半年間でかなりのPR露出がされた結果、当初想定していた通り、カカオブーム到来の兆しが出てきましたね。しかし、それによって競合の売上も増えてしまっています。どうしたらいいでしょうか……。

要因C　空気は誰のものでもない

　これも本当によくある誤解なのですが、「売れる空気」は誰のものでもありません。空気はみんなのものです。では、売れる空気がつくられたとき、一番得をするのは誰でしょうか。そうです、業界トップシェアの企業ないしその空気の中で売れる新商品を開発した先行企業です。

　戦略PRによって巻き起こった空前のハイボールブームは、サントリーが仕掛けました。サントリーは角瓶、トリス、オールドなどを有する国内ウイスキー市場のトップシェア企業です。ハイボールブームさえ到来すれば、一番消費されるのはトップシェア企業であるサントリー商品だということは自明の理ですから、同社は特定商品のPRではなく「ハイボールという飲み方そのもの」を流行らせる空気づくりに注力しました。結果、見事にウイスキー市場は復権し、その中でサントリーが最も大きな利益を得ることに成功したのです。

　では、仮に業界2位のニッカウヰスキーが、ハイボールの戦略PRに取り組んでいたらどうなっていたでしょうか。もし成功していたとしても、その中で一番の利を得たのは業界トップのサントリーであり、「なぜうちの予算を使って競合を儲けさせなきゃならないんだ！」という事案になってしまったでしょう。

　また、P&Gのアリエールは、洗濯用洗剤のシェアで大きく水をあけられてしまった花王のアタックに対して、PRによる「洗濯物に菌が残っている」

という新たなパーセプションチェンジを行い、「いい洗剤＝除菌ができる洗剤」という新市場の創造と獲得に成功しました。現在では多くの競合企業が追随していますが、当時は「除菌ができる洗剤＝アリエールだけ」であり、PR＋広告展開によって大きな利を得た事例と言えます。

　売れる空気はみんなのもので、自社だけで独占することはできません。戦略PRを検討する際は、自社の市場ポジションや新商品の新規性や独自性を検証し、相性を確かめてください。

要因D　空気は高い

　2010年頃から広告業界に巻き起こった戦略PRブームは、弊社にも多くの提案依頼を呼び込みました。中でも多かったのは、「話題の戦略PRに取り組みたい」「自社商品が飛ぶように売れる空気をつくって欲しい」「予算は300万円しかないので、それでできる提案を持ってきて欲しい」というものです。

　歯に衣着せず申し上げますが、スポットのパブリシティ支援ならまだしも、300万円で「売れる空気」などつくれるわけがありません。戦略PRを成功させるためには、空気を生み出す緻密な情報設計、メディアリレーションズ、オーソリティーやインフルエンサーのアサインなど、やることが山ほどあります。また、1回や2回のメディア露出で「空気」などできませんから、持続的なPR露出、具体的には最低でも半年間程度の恒常的な取り組みが必須です。そのためにかかる費用は少なくとも3,000万～5,000万円であり、「予算がないからできる範囲でやって」が通用する世界ではありません。

　戦略PRに限った話ではありませんが、1万円から始められる施策と、一定の費用と時間をかけないと箸にも棒にもかからない施策はしっかりと分けて考えないと、中途半端に予算を使って何の成果にもつながらないミスになりかねないので注意してください。

要因E　PRのゴールは売上ではない

　最後に。これもよくある誤解なのでここで正しておきますが、PRのゴールは売上の獲得ではありません。PRはPublic Relationsの略で、企業や団

体が、Public（社会・公衆）とRelations（良好な関係）を構築し、維持・向上させていく活動を指します。社会・公衆とはステークホルダー（利害関係者）のことで、株主、消費者、消費者団体、取引先、従業員、メディア、インフルエンサー、金融機関、地域社会などが含まれます。PRとは本来、これら幅広い利害関係者と信頼関係をつくっていく極めて大きな概念なのです。

　一方、「お客様に買っていただくこと」をゴールとするマーケティングの近くで行われるのが前述したパブリシティ（Publicity）です。パブリシティの目的は、新商品や新サービスのメディア露出を増やし、売上や引き合いの獲得を支援する活動ですから、パブリシティの最終ゴールは売上の獲得と言えなくもありません。しかし、それも正しくは「PR First, Advertising Second」であり、最後に自社商品を選択してもらう（売上をあげる）のは広告の役割であり、パブリシティの役割は市場の興味喚起や好意的な認識を創造するまでです。

　すべての施策同様、戦略PRもすべての課題を一発で解決してくれる魔法の杖ではないのです。

医療ミス 08 デジタルマーケティングを頑張っているのに CPAが上昇している

　近年、少しずつ増えてきているのが「デジタルマーケティングの効率性を突き詰めた結果、逆にCPAが上昇し始める」という新たな問題です。純然たる医療ミスとは毛色が違いますが、「よくある認識違い」のためここで取り上げます。

企業

ご存知の通り、我が社は早いタイミングからマーケティングDX（≒マーケティングコミュニケーションのデジタルシフト）に取り組み、一定の成果をあげてきました。しかし、近年CPA効率が頭打ちとなり、むしろ徐々に上昇する兆しが出てきています。いまよりもさらに高い精度でのデジタル広告の運用を

....

要因A　デジタル施策の大半は"いますぐ客"の収穫施策

　第1章で解説した通り、多くの企業が取り組んでいるデジタルマーケティング施策の大半は、ニーズが顕在化した「いますぐ客」の効率的収穫を目指すものです。今期の売上にはつながらないが、来期、再来期に買ってくれる可能性のある「そのうち客」を育成するものではありません。

　その結果が、マーケティングの現場担当者による「刈り取りすぎてもはやぺんぺん草も生えてないよ」という悲痛の叫びにつながっています。しかし、「やれることはすべてやり尽くした。これ以上のCPA効率向上はもう無理だろう」「未来のお客さんを育てる種まきをしない限りお先真っ暗だ」「上長に未来の顧客育成に取り組む提案をしよう」という現場の問題意識もむなしく、上司からは「うちの会社はCPA文化が根強いから、費用対効果が曖昧な施策に予算は割けない。なんとか頑張ってくれ」と議論が噛み合わない返答がなされ、途方に暮れる現場担当者が後を絶ちません。

要因B　オーガニックCACなど存在しない

　デジタル広告業界にはオーガニックCACという言葉があります。CACとはCustomer Acquisition Costの略で顧客獲得コストを指し、オーガニックCACとは「自然に増加する顧客の獲得コスト」を意味し、対となる概念がペイドCACです。図で説明しましょう。

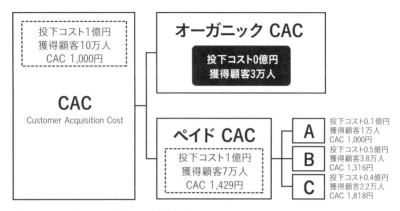

図2-9 オーガニック CAC とペイド CAC

　たとえば、1億円を投下した広告キャンペーン期間中に10万人の顧客を獲得した場合、CACは1,000円となります。一方、デジタル広告はそれぞれの施策の検証が個別に行えるため、施策ごとにペイド CACを算出します。本件の場合、ABCごとにペイド CACを算出すると、施策はA→B→Cの順で効率が良かったことがわかりました（一般的に、CAC効率が良い施策は顧客獲得数が少なく、CAC効率が悪い施策は顧客獲得数が多いことが多い）。

　広告による顧客獲得数は7万人で、ペイド CACは1億円÷7万人＝1,429円という結果でした。他方、広告キャンペーンの期間中に、広告によらないブランド指名検索などによって3万人の新規顧客が獲得できた場合、これを「オーガニック CAC」として合算し、トータルのCACを算出することが少なくありません。オーガニックと広告双方で獲得した顧客の合算は10万人で、かけたコストで割ればCACは1,000円です。

　ただ、この世に、何もないところから勝手に泉が湧き出すような「自然獲得」など存在しないはずです。広告によらないリピート購入は高い製品パフォーマンスの賜物ですし、ブランド指名検索によるサイト流入や商品購入は、過去に行った様々なマーケティングコミュニケーションの蓄積によって「そのうち客」が育成され、「いますぐ客」に転換した瞬間に自社商品を想起してくれたという「中長期にわたるマーケティング努力が結実した瞬間」なのです。それを「自然獲得＝オーガニック CAC」として処理してしまうのは、あまりに乱暴な話です。

要因C　目に見える範囲でのCPA効率は限界に達している

　このように、デジタル広告の現場では「計測できるもの＝効いているもの」であり、「計測できないもの＝効いていないもの」もしくは「自然（オーガニック）なもの」と考えられてしまいます。しかしそれはあまりにもマーケティングを矮小化した解釈です。

　「消費者」というマーケティングの言葉ではなく、「あなた自身」の日々の買い物行動で考えてみてください。あなたも自宅ではテレビを見るし多くのCMに触れているはずです。街では屋外看板やポスターに触れ、電車に乗れば無意識に車中の広告に接触しています。企業主催のイベントに参加してブランドの世界観に触れたり、サンプリングで商品のおいしさを知ることだってあるでしょう。たとえ購入しなかったとしても、日々の買い物で訪れる店頭に置かれている商品パッケージだってあなたの潜在意識に訴えかけています。過去に買って満足した商品をリピート購入することも多いでしょうし、友人や知人からのクチコミで商品を購入した経験だってあるはずです。SNSの投稿に触れて興味を持つこともあるでしょうし、Webの記事で商品を認知したり特徴を理解することだってあるかもしれません。

　しかし、これらのほとんどはデータに残りません。では、これらすべての企業努力は「効いていない」のでしょうか。そんなことあるはずがありません。マーケティングコミュニケーションの目的は消費者や顧客の意識や態度（購入意向や来店意向）を変えることであり、データを残すことではありません。データを取得できれば精度の高いPDCAが回せますが、データが取得できない＝効いていない、というわけではないのです。

　行き過ぎたデジタルマーケティング至上主義が「成果をデータで示せない（示しづらい）＝効いていない無駄施策」との安易で誤った解釈を形成し、その結果、マーケティング予算の大半が「いますぐ客」の効率的収穫に配分される流れを加速させ、いつしか誰も「そのうち客」の育成に取り組まなくなってしまいました。それによって発生した新たな問題が「ブランド指名検索数が減少し始める」という事象なのです。

　自然獲得（なるもの）が減少し、ペイド獲得の比率が上昇すれば、トータルのCACは上昇します。また、ペイドCACが現在の金額で推移できていたのも、消費者の頭の中に過去のマーケティングコミュニケーションに

よって形成されていたブランド・エクイティが効いていたからこそ広告による反応が得られ、その単価で獲得できていたかもしれないのです。かくしてデジタルマーケティングを追求しすぎた結果CACが上昇し始めるのです。

この問題を解決するためには、効果検証の難易度は格段に上がるものの、中長期的な視点での「そのうち客」育成に取り組むしか手はありません。結局、マーケティングの効果は、「いますぐ客」の効率的収穫と「そのうち客」の効果的育成の合算であり、マーケティングROIを最大化するためにはどちらにもバランス良く取り組むしかないのです。

医療ミス 09 ファンマーケティングに取り組んでいるが LTVが上がらない

続いて、近年多くの企業が注目するファンマーケティングに関する医療ミスについて見ていきます。

市場が超高度に成熟し、思うように新規売上が獲得できなくなってきた1990年代頃から、「新規顧客だけでなく、既存顧客も大事にしよう」「マーケットシェアではなく、顧客シェア（Lifetime Value：顧客生涯価値）が大事だ」「重要な顧客と、そうでない顧客がいる」「売上の上位20%の顧客をロイヤルカスタマーとして優遇しよう」など、過去の売上貢献度によって顧客を識別し、売上上位顧客を優遇することでさらなるリピート購入を促進するCRM（Customer Relationship Management）が推進されるようになりました。

しかし、大量に発行されたポイントカードや、近年店舗のレジで「うちのアプリはお持ちですか？　インストールして簡単な会員登録をしてもらえると今日からポイントがつきますよ！」と推奨される会員アプリも、思うような成果が出せていないのが実情です。その理由は「お得の限界」です。大半の企業がポイント付与によるお得訴求をした結果、ポイントがつくことが当たり前になり、それだけでは顧客のリピート購入を促す効果は薄れてしまったのです。

ではなぜいま、またファンマーケティングが注目されるのでしょうか。その理由は、概ね以下の3つに集約されます。

- 人口減少、少子高齢化の進展、市場の超高度成熟化による商品のコモディティ化などによって新規顧客獲得コストが上昇し、今後もさらなる上昇が見込まれるため
- 従来型のCRMが持つ課題を解決しない限りLTVの向上が見込めないため
- ファンがファンを連れてくるロイヤルティループを回すことによって、ファン経由の新規顧客獲得につなげたいため

　確かに「（年々難易度が上がる）トライアル購入の促進だけでなくリピート購入を増やす」「（新規の顧客獲得だけでなく）既存のお客様を大切にする」「ファンから愛され応援してもらえる企業（商品）になる」などは耳触りが良く、「顧客第一主義はうちの経営理念でもあるからな！」と社内でのプロジェクト稟議も通りやすいのでしょう。かくして、ファンマーケティングの現場でも医療ミスが発生することになります。

企業

ご存知の通り、我が社は売上500億円の中堅加工食品メーカーですが、近年の売上は横ばいです。しかし、来年の創業75周年を前に新中期経営計画が発表されまして、来年から5年間で売上を20％成長させなければならないことになりました。潤沢な広告予算があるわけではないので、派手な広告宣伝は打てませんが、幸いうちは歴史が長く、全国のスーパーに配荷されているロングセラー商品もいくつか持っています。このあたりをうまく活用して、近年話題のファンマーケティングに取り組むことで、広告宣伝費をかけず売上を増やすことはできないでしょうか。

医療ミスの匂いがプンプンしますね。間違っても、この相談という名の妄想に対して、そのまま提案してはいけない事案です。

要因A　相性が悪い企業ほど取り組んでしまう

食品は、医療ミス④で紹介した商品カテゴリーマトリクスで、最寄品×理性的な検討がなされる左下の象限に位置します。この象限に入る食品、飲料、日用雑貨は他の商品カテゴリーの中で最も関与度が低く、コアファンがつきにくい特性を持ちます。

売上におけるフィジカルアベイラビリティ[※5]の重要性が高く（配荷店舗が多い方が有利）、かつ価格弾力性[※6]が大きい（値引きをするとたくさん売れる）食品、飲料、日用雑貨メーカーは、以下のような課題を感じています。

- 世帯や家族構成が大きく変わり、以前の標準世帯（両親と子ども2人）ターゲットの商品が売れなくなってきている
- テレビCMの効果が落ち始めている
- チラシの効果が落ちている
- 小売チェーンのPB（プライベートブランド）との競争が激化している
- 店頭での価格主導型プロモーションは競争が激しく消耗戦である
- 値引きをすれば売れるが、利益が下がりブランド価値も毀損してしまう

また、食品、飲料、日雑メーカーの主要な販売チャネルはスーパーとコンビニであり、自社で顧客ごとの購買データを保有できないため、何人の顧客が、自社のどの商品を、どのくらいの頻度で買ってくれているのか、ほとんどわかりません。もちろん、大手の小売チェーンや様々な調査会社に大金を支払い、顧客購買データを買い取ることで、新規とリピートの比率や関連購買動向などを大まかに把握することはできますが、ダイレクトマーケティング事業者や顧客（会員）登録を促せる家電メーカーなどのような細かい購買情報は持ち得ないのです。

※5　買い求めやすさ。主にストアカバレッジを指す。

※6　価格の変動による需要の変動率。

この「顧客の顔の見えづらさ」が、自社の商品を愛してくれるファンとの関係性を高める活動に大きな期待を寄せる一因のように感じます。しかし、メーカーの「ファンとつながりたい」「ファンを増やしたい」という期待と、顧客側の「確かに好きだしこれからも買い続けるけど、特段、特定の企業と一緒に何かをやりたいわけではない」「おいしいからいつも買っているけど、それ以上でもそれ以下でもない」という気持ちの間にはかなりの温度差があり、企業側、特に関与度が低い商品カテゴリーに属する企業は、顧客が自社に対して感じているリアルな距離感や温度感を冷静に判断することから始めなければなりません（ほぼ100％の確率で大きなギャップがあります）。

要因B　ファンではなく「ファンのお財布」しか見ていない

　企業がファンマーケティングに取り組む理由は、ファン度を高めることによってLTV（≒多くは年間の購買金額）を向上させたい、あわよくばファン経由で新規顧客を獲得することで新規の売上も増やしたいというものです。

　もちろん、メーカーの大半は営利企業ですし、マーケティング活動として取り組むのですから売上の向上や新規顧客の獲得効果は重要です。しかし、ファンマーケティングの相手は「感情を持った生身の人間」であり「あなたの企業ないし商品を好いてくれているファン」なのです。従来の広告やプロモーションと同じ感覚で取り組むと、ファンは一瞬でその「本心」に気づき、興ざめし、離れていきます。

　ファンマーケティングは因果応報です。自社や自社商品を愛してくれている人に、愛を返してあげる。役に立ったり、便利にしてあげる。プライスレスな体験や物語によって幸せを増やしてあげる。そうしてファンのロイヤルティが高まった結果としてLTVは上がるのであり、推奨による新規顧客獲得につながるのです。結果を欲しがるあまり「もっと買ってくれ」「友だちを紹介してくれ」とがっついてしまうのは、ファンマーケティングでもなんでもありません。

要因C　ファンの価値を過小評価している

　多くの企業は、ファンの価値はリピート売上貢献と新規顧客紹介チャネ

ルの2つとしか捉えていませんが、それはファンの価値を過小評価しています。ファンの存在、またはファンを増やす価値には、以下のようなものがあります。

- 最も自社商品に詳しいリードユーザーとして新商品企画や既存商品改善に知恵を貸してくれる
- なぜそれほどまでに自社商品を愛するファンになってくれたのか、カスタマージャーニーを逆引きすることで、ファン育成の再現可能性を高めることができる
- オウンドメディアのコンテンツに出演し「なぜ自分がこれほどまでに本商品が好きなのか」を語ってもらうことで、新規検討層の興味喚起、好意度や信頼度の向上、購入意向の向上に寄与してもらえる
- 自社商品をこよなく愛する顧客との交流は、日々の業務に疲れ、入社したときの熱い想いや情熱を忘れかけている社員に対し、「自社商品の素晴らしさ」「仕事のやりがいや誇り」を思い出させ、社員のエンゲージメント向上や仕事の生産性向上につながる
- 上場企業の場合、ファン株主として長期にわたって経営を応援してくれる存在になってもらえる

要因D　簡単な算数によるシミュレーションを行っていない

　しかし、上記の論は、組織が縦割り化されている中堅から大手企業では理解されません。なぜなら、商品企画や改善、カスタマージャーニーの逆引きや各種リサーチは商品開発部やマーケティング部、オウンドメディアは広報部やデジタルマーケティング部や事業部、従業員エンゲージメントは人事部、ファン株主は経営企画やIRと、管轄する部署も予算もバラバラであり、全社ゴトにならないためです。

　結果、ファンマーケティングの成果＝年間LTVの向上効果＋新規顧客獲得効果でしか評価されず、立ち行かなくなるケースがほとんどです。

　そもそも、本事例の与件には相当な無理があります。売上500億円の企業が5年で20%の売上増を狙うということは、100億円の売上を増やすということです。商品単価数百円の加工食品メーカーですから、仮に顧客1

人あたりの年間LTVを2,000円と見積もった場合、100億円÷2,000円＝約500万人の新規顧客を獲得する必要があります。

　「いやいや、ファンマーケティングなんだから既存顧客の年間LTVを増やせばいいのでは？」と思うかもしれませんが、ファンはすでに限界一杯までLTVが高い状態にあることがほとんどです。だからファンなのです。人間、胃袋はひとつしかありませんから、値段が半額になっても、ファン度が2倍になっても、食べる量が2倍になるわけではありません。ですから、既存ファンに対するファンマーケティングによるLTV向上効果は限定的なのです。つまり、ファンマーケティングによって売上を増やすとは、ファンによる新規顧客獲得効果で増やすと同義となり、それが先ほどの数字です。

　世界初となる画期的な新商品があるならまだしも、古くからある既存商品をベースに、5年間で500万人の顧客をファンの推奨経由で獲得することなどできるわけがありません。

要因E　成果が出るまでのタイムラグに耐えきれない

　ファンマーケティングのプロジェクトが頓挫する一番の理由が、「成果が出るまでのタイムラグに耐えられない」ことです。プロジェクトが始まるときは、「じっくり取り組む」「結果を急がない。焦らない」「まずはファンになってもらうことを優先する」と言っていた企業も、期末が近づき、来期予算を獲得する段になると「来期予算を申請するため今期の成果を上長に説明する必要があります」と突然言い出したりします。「数値」での結果分析レポートが必要だと言うので、プロジェクト担当者と代理店が力を合わせてなんとか体裁を整えた報告書を出しても「これって費用対効果が悪くない？」と上長に突っ込まれ、年度を越えられない（次年度の予算がつかない）ケースが少なくありません。

　弊社が熱狂マーケティング戦略プロジェクトをご一緒している（よなよなエールで有名な）ヤッホーブルーイングをはじめとしたファンマーケティング先行企業の社長ないし担当者は、口を揃えてこう言います。「ファンへの愛は（売上として）必ず返ってきます。これは絶対です。しかし、成果を感じるまで3年は我慢する必要があります。そのため、多くの企業は耐えられません。だからそれに耐えられる我々が勝てるのです」と。

ファンマーケティングを始めるのは簡単です。しかし、続けるのはその何倍も難しいのです。数年や十数年にわたってファンマーケティングに取り組み続けている企業は、経営トップやマーケティング管掌役員が活動を主導する中小・中堅企業や同族企業がほとんどです。単年度ではなく、中長期的に、結果が出るまで取り組む覚悟と「続ける権限」がない限り、本気のファンマーケティングは続かないのだと思います。

要因F　社員自身がファンではない

大企業において意外な障害となるのが、ファンマーケティングに取り組む社員自身が、実はそれほど自社商品のファンではない問題です。大企業の多くは、10年で3つの部署を経験させるといったジョブローテーションを運用しているため、数年単位で担当が変わります。マーケティング担当も、営業企画担当も、商品担当も例外ではありません。つまり、数年前は違う仕事をしていて、数年後も違う仕事をする過程で、いまの業務をしているに過ぎないのです。

しかし、ファンは違います。特に、数十年の年季が入ったいぶし銀のファンは、自社の商品に対して世界最高峰の関与度と商品使用経験を持ち、いろんな意見や要望を持っています。愛が強すぎるがゆえ「こちらアナタが赤ん坊のときからこの商品を使ってるんだ」と、企業や担当者に対する要求も強く、高くなりがちです。

そのため、ジョブローテーションでやってきた担当が、「話題の手法」「流行ってる」「ファンを大切にする活動とか素敵」といった軽い動機でファンマーケティングに取り組み、ファンミーティングなどでファンと対峙すると度肝を抜かれ、「めんどくさっ！」と感じてしまうことも少なくありません。

先に紹介したヤッホーブルーイングが推進するファンマーケティングの凄みは、ファンと対峙する社員自身がファンと同等ないしそれ以上に自社商品のファンであることです。そのため、商品知識や商品が持つ文脈理解が深く、ファンと同じ知識と熱量で対等にコミュニケーションすることができます。何より、社員と顧客という垣根を超えた「ファン同士」の関係が成り立っているのです。

その意味で、真のファンマーケティングは、社員自体が自社商品の一番

の熱狂顧客である「熱狂経営」ができていない限り成立しない「経営そのもの」なのかもしれません。

医療ミス 10 ファンコミュニティが盛り上がらず 閉鎖に追い込まれた

　ファンマーケティングの延長線上でたびたび検討されるのが、ファンコミュニティ（ブランドコミュニティ）の開設です。ファンコミュニティは、ネットの普及による2000年代初頭のオンラインブランドコミュニティブーム、SaaS系コミュニティツールの登場による2010年代の第二次ブランドコミュニティブームでも注目を集め、多くの企業が開設と運用を行ったものの、その大半は持続せず、閉鎖に至るものも少なくありません。

　ファンコミュニティは、ファンマーケティング同様、始めるのは簡単ですが、続けるのはその何十倍も大変です。しかし、ここにも多くの誤解があり、医療ミスが発生します。よくあるケースを見てみましょう。

企業

弊社では昨年からファンマーケティングに取り組んでいますが、さらにその活動をドライブさせるべくファンコミュニティの開設を検討しています。熱量の高いファンが集えばファン同士の交流が加速し、さらにロイヤルティが高まることでLTVの向上や友だち紹介の促進が期待できるのではないかと考えています。どんな取り組みができるか、ご提案いただくことは可能ですか？

代理店

承知しました！　ファンコミュニティにはおっしゃる通りの効果があります。また、ロイヤルティの高いファンが集まりますので、良質なリサーチパネルとしての価値もあります。

企業

どういうことですか？

御社は現在、様々なマーケティングリサーチを外部の調査会社へ委託していると思いますが、ファンコミュニティを開設すれば商品知識が豊富なファンに「これどう思う?」などとすぐに意見を聞くことができるようになります。調査するたびに費用は発生しませんし、1日や2日で一定の回答数を得ることができますので、社内会議の前にサッとファンの声を収集し、プレゼンの説得力を高めるなどの活用もできますよ!

それはいいですね! 他にはどんなメリットがあるのでしょう?

ファンの多くはInstagramやXを使っています。コミュニティでロイヤルティを高めることで、ファンのSNSから御社商品の魅力が発信され、SNSで拡散する効果も考えられます。ファンがファン自身のSNSで投稿するからこそ、企業アカウントよりも説得力があります。

なるほど! ファンコミュニティは中の熱量が外に伝播しないため、マーケティング効果が限定的だと考えていましたが、いまはファンがSNSを使っているから中の熱量が外に出ていきやすくなったんですね! 提案書楽しみにしています!

・・

　ファンコミュニティの開設は、概ね上記のようなやり取りから始まります。代表的な落とし穴について見てみましょう。

代理店

企業

代理店

企業

第1部　なぜいまマーケティングの現場で〝医療ミス〟が頻発しているのか

110

要因A　ファンを集めるのもラクじゃない

　ファンコミュニティはファンがいなければ始まりませんから、まずはファン集めに注力しなければなりません。メルマガ、LINE、SNS公式アカウントでの告知が一般的ですが、コミュニティに登録するためにはメールアドレス、パスワード、氏名、ニックネーム、場合によっては住所も登録する必要があり、それなりの手間と心的ハードルがあります。Yahoo! IDやSNS連携でのログインも手間にはそれほど変わりはありません。

　ここでも簡単な算数が成り立ちます。

- メルマガ配信数×開封率×URLクリック率×会員登録率
- LINE配信数×既読率×URLクリック率×会員登録率
- 公式アカウントファン（フォロワー）数×視認率×URLクリック率×会員登録率

　ざっと計算してみてください。驚くほど会員登録数が伸びないことがわかるはずです。そして、メルマガもLINEも公式アカウントでの「ファンコミュニティ開設」「会員登録開始のお知らせ」告知は、回を追うごとに反応率が低下していきます。

　かくして、当初の想定ほど会員登録が進まず、キャンペーンの実施や広告の出稿などで集めることになります。初動の段階から「キャンペーンのためのキャンペーン」「広告のための広告」が発生するのです。

要因B　ファンコミュニティは自走しない

　運用してみるとわかりますが、「ごく一部のファンが交流する」ことはあっても、「ファン同士の交流が加速する」という言葉から連想するようなダイナミックな展開が起こることはありません。また、ファンの「交流」は、商品そのものに関する交流というより、その周辺にあるコトに対して行われます（商品に関する交流は文脈に乏しくすぐにネタが枯渇してしまうことも要因です）。そのため、「交流」がもたらす効果は「商品に対するロイヤルティ向上」というより、「商品や場所（コミュニティ）に対するエンゲージメントの向上」という表現の方が正しいように思います。

また、ファンコミュニティに対する最も大きな誤解に「ファン同士が勝手に交流するから自走してくれて手間いらず」がありますが、1,000%間違いです。自走どころか、かなりの手間をかけ続けない限り、すぐに廃墟となる緊張感を持ってください。

ブログ機能を使って、週に1〜2回は「公では読むことのできない有用な情報」や「商品開発秘話」を更新したり、新商品開発や既存商品の改善に向けたアンケート調査を行ったり、コミュニティでの投稿を促すために様々な「お題」を投げ入れたり、常に刺激を与え続けないと、すぐにアクティブ率（1週間や1ヶ月以内に1回以上ログインする率）が下がってしまいます。

要因C　ファンにはいろいろなニーズがある

多くのマーケティング担当者がイメージするファンコミュニティ内での主活動は「ファン同士の交流」でしょう。しかし、これも思うほど盛り上がりません。なぜなら先にも述べた通り、ネタがすぐに枯渇するからです。あなたは、好きなビール、チューハイ、お菓子、アイスクリーム、家電、自動車などについて、何日間連続で日記が書けますか？

ファン同士の交流とは、誰かが何かを投稿し、それに対して誰かがコメントをし、そのコメントに対して投稿主やその他メンバーがコメントバックをする形式で行われます。交流の出発点は常に誰かの投稿であり、その投稿は多くが「今日は○○をツマミに飲んでいます」「疲れたから大好きなお菓子で休憩〜♡」「愛車で箱根にドライブしに来ました。紅葉がキレイです」といった日記的なものです。そしてその投稿のバリエーションには限界があり、会員は徐々に飽きていきます。

一番の誤解は、「ファンはファン同士で交流したいはず」という認識です。その「交流ニーズ」は一部のファンだけが持つものであり、全員が持っているニーズではありません。ファンにもいろいろな人がいて、企業が発信する商品開発秘話などを読みたいだけの人、アンケートに答えたい人、誰かが投稿した情報を見たいだけの人などニーズは様々です。「ファン同士の交流」をメインとした場の設計は危険ですから注意してください。

要因D　ファンの声は、そもそも最初から外に出ている

　「熱量の高いファンの声がコミュニティの外に出ていく」も正しくありません。正確には「ファンの声は、コミュニティができる前からすでにSNSに出ていた」「SNSで積極的に投稿をしてくれていたファン（ブランドインフルエンサー）がコミュニティにも参加してくれた」が正しい認識です。ファンの声はとっくの前からSNSで流れており、そしてその投稿が拡散することは（よっぽど巧みなプロモーション企画が走っていない限り）ほぼありません。

　SNSを利用していなかったファンが、コミュニティに参加してからSNSに登録し、外での発信を始めることはほぼ発生しませんので、鶏と卵の順番を間違えないでください。

要因E　ファンも暇じゃない

　これも大いに誤解が生じているポイントですが、ファンは暇人ではありません。仕事があり、家事があり、他の趣味もあり、朝から晩まで忙しいのです。また、年がら年中、あなたの商品のことを考えているわけでもありません。一般的な家庭には数万種類の商品があると言われますが、毎日特定の商品のことを考えながら生活しているわけではありませんよね。

　マーケティング担当者はファンに多くを求めすぎです。「記事を読んでくれ」「調査に協力してくれ」「イベントに遊びに来てくれ」「写真を投稿してくれ」「ファン同士で交流してくれ」「できれば週に2〜3回はログインしてくれ」「人の投稿にいいねやコメントをつけてくれ」と、次から次へと「くれくれ攻撃」を始めてしまいます。

　そもそも、何のためにファンコミュニティを立ち上げたのでしょうか。ファンとつながり、共感や愛着や信頼を高めることで良い関係を築き、結果として一定のマーケティング効果を得たいのではなかったのでしょうか。

　まず、自社の商品が一般的に持たれる関与度について、医療ミス④の「商品カテゴリーマトリクス」を再度見ながら冷静に考えてみてください。関与度とは相対的なものですから「最適な距離感と接触頻度」は商品カテゴリーによって異なります。ファンとはいえ、月に何回くらいの接触が「ちょうどいい」のか。1回あたり何分くらいの関与なら「無理なく」続けてくれるのか。忙しい相手の日常をリアルに想像し、「最適な距離感と接触

頻度」「相手に無理のない関与の仕方」を提案・依頼するよう心がけましょう。

要因F　アクティブ会員が固定化し排他的な文化を形成し始める

　ファン同士が交流するファンコミュニティの運用で難しいのが、コアファンによるタコツボ化です。これはファンコミュニティだけに起こる問題ではなく、スポーツ、伝統芸能、タレントやアーティストの活動など様々な場所で発生する難題です。

　コアファンは一定以上の知識や経験を持ち、かつ対象に対する熱量が高いため、それらが劣る一般的なファンや「にわかファン」にマウントを取ったり、小馬鹿にするコメントをしたりすることも少なくありません。コアファンは、話のわかるコアファン同士でつるむ傾向が強いため、その力はさらに強化されていきます。するとコミュニティ全体を一部のコアファンによる排他的な雰囲気が覆い、多くのライトファンには居心地の悪い場所になってしまうのです。

　もちろん、公序良俗に反する投稿やコメントはコミュニティの規約に従って削除したり会員登録を抹消したりできますが、多くのマウント的な投稿やコメントはそこまでのものではなく、運営側が強い対処を行えない難しさもあります。無下に会員資格を剥奪すると、公のSNSでさらされ炎上に至るリスクもあります。

　さらに、オンラインコミュニティ特有の問題もあります。それは、「コミュニティ内での影響力＝投稿量の多さ」になりがちなことです。コミュニティには「1:9:90の定説」があり、会員が1,000人いた場合、その内訳は10人の積極的投稿者と90人の反応者（コメントをする人）と900人のROM専（Read Only Member：読むだけで投稿やコメントをしない人）になるというものです。

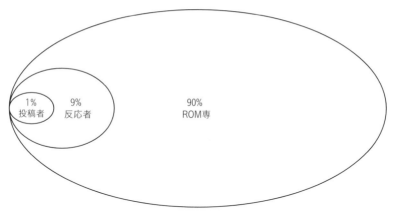

図2-10 1:9:90の定説

　そして、投稿やコメントをする10%の人はファン度が高い上位10%なのではなく、コミュニティでの交流に多くの時間を割くことができる時間的余裕のある、図2-11のマトリクスの右側の人たちなのです。

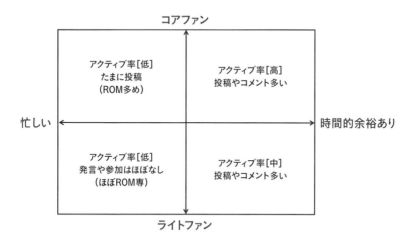

図2-11 コアファン／ライトファンとアクティブ率

　右側の「時間的余裕あり」の人たちは投稿が多いため、企業からすればありがたい存在ではあるものの、一方で一部に排他的なコミュニケーショ

ンをし始めるファンが登場すると、場の雰囲気は一気に悪くなってしまいます。なにしろ時間があり、投稿量が多いため、コミュニティを開くと常にその人たちの投稿やコメントが目に入ることになります。近年のSaaS系コミュニティには、このあたりの対処を仕組みとして解決するシステムが実装されているかもしれませんので、詳しくはベンダーに問い合わせてみてください。

要因G　費用対効果の検証が難しい

　このように、ファンコミュニティは「ファン同士が交流してロイヤルティが増幅する幸せな場所」というイメージとは裏腹に、かなりの手間（＝時間とお金）がかかる取り組みです。そして、悩ましいのが、ファンマーケティング同様、費用対効果がわかりづらいことです。

　ちなみに、ここまで様々なファンマーケティングやファンコミュニティの難しさについて述べましたが、私は「ファンマーケティング積極推進派」です（ファンコミュニティは運営が本当に大変なので慎重派になりました）。

　企業の技術開発が一巡し、超高度に成熟した現代の市場環境では、すでに「すべての企業のすべての商品は最高レベルの品質」に達してしまっています。つまり、商品そのものではあまり差がつかない時代なのです。どの商品を買ってもほとんど同じなら、顧客は「安い方」か「好きな方」を買います。安売りをすると利益率が下がるしブランド価値が毀損するので、できる限り安売りは避けたい。となれば、企業が目指すべきは「最愛」もしくは「最好」ポジションしかありません。だからこそのファンマーケティングなのです。

　しかし、ファンマーケティングの医療ミス⑨で解説した通り、同手法の効果はファン自身のLTV向上効果と、ファン経由の新規顧客獲得の2つで測られがちです。それしか「上司が納得するわかりやすい尺度」がないからです。ただ前述した通り、ファンはすでに一定レベルまでLTVが高い状態であり、ファンマーケティングによってさらにLTVを向上させることは容易ではありません。また、いくらNPS（Net Promoter Score：正味推奨者比率）が高くても、実際の友人紹介率や紹介人数は限定的です。

第1部　なぜいまマーケティングの現場で〝医療ミス〟が頻発しているのか

1台売れれば一定の売上や利益が見込めるターゲットの狭い自動車や高級家具ならまだしも、スーパーやコンビニで販売されている単価数百円の商品の場合、ファン経由で獲得した新規顧客獲得×年間LTVは、年間で獲得しなければならない全体の売上目標の数%程度でしょう。

　ファンコミュニティは、ファンマーケティング同様、目的をブレさせないことに加え、どのように効果を解釈するのか、上長、または上長の上長（できれば役員クラス）と丁寧にすり合わせ、中長期的なコミットメントを取り付けない限り、短命で終わってしまうことになりかねません。始めるのは簡単です。しかし続けるのは本当に難しい。本テーマに取り組む際は、「始める前の、続けるための議論」を大切にしてください。

正しい診断と処方には、多くの病気と薬を知る

　ここまで、「頻発する医療ミス10選」について考察してきました。わかりやすくお伝えするため「よくある現場」は多少てんこ盛りな設定にしましたが、すべて「多くの現場で起こっているノンフィクション」です。

　中には「そんなことはない！　うちは○○で大成功したぞ！」という事例をお持ちの方もいらっしゃるかもしれませんが、それらの事例は素晴らしすぎて多くの場合は再現可能ではありません。「頻発する医療ミス10選」は、全国津々浦々で発生している医療ミスをなくすため、「100％不可能ではないが、95％の確率で難しい」ものを整理したものです。

　大事なことなので改めてお伝えしますが、この世に「どんな病気も一発で治せる万能薬（どんなマーケティング課題も一発で治せる万能施策）」などありません。病気を治すためには「病気を正しく診断」し、「その病気を治すことができる最適な薬を飲む」しか方法はないのです。

　病気を正しく診断すること。その病気を治す最適な薬を処方すること。この2つを一致させるためには、「多くの病気と、多くの薬」を知っていなければなりません。

　3つの病気しか知らない医者は、患者を診察しても「3つのうち、どの病気か？」としか考えられないため、正しく病気を診断することはできませ

ん。一方、仮に1,000の病気を知っていても、5つの薬しか知らなければ最適な薬を処方することはできません。「正しく診断し、治療薬を正しく処方する」ためには、できる限り多くの病気と多くの薬を知り、それぞれの特徴を正しく理解していることが必要なのです。

「そんなの無理だー！」という悲鳴が聞こえてきそうです。でも、心配しないでください。多くの企業が頻繁に罹患する「代表的なマーケティングの病気」は、100も1,000もバリエーションはありません。そして、代表的なマーケティングの病気を治療する薬（具体的なマーケティングの施策や手法）も、同様に数十程度しかないのです（施策や手法の数は有限で、無限にあるのは「企画」や「クリエイティブ」です）。

それにもかかわらず、**多くの現場で医療ミスが頻発するのは、病気と薬を正しく理解できていないことに加え、課題や解決策を「点」と捉え、「線」や「面」の中で考察できていないことに起因**しています。**企業が抱えるマーケティングの課題は、直線的ではなく構造的**です。課題が構造的ならば、解決策（戦略）も構造的でなければなりません。第2部で詳しく解説しましょう。

第 **2** 部

マーケティングの〈点↕線↕面〉をつなげる

第 3 章

マーケティングの＜点⇄線⇄面＞を
理解すべきこれだけの理由

　最新のマーケティング手法に取り組み、様々なマーケティング施策を実行しているのに、「期待した成果」が得られない。または「売上につながっている実感」が得られない――。

　また、せっかく期待に胸を膨らませ、希望するマーケティング職に就いたのに「仕事が単調でつまらない」「自分の仕事が全体の中のどの部分なのかわからず閉塞感がある」と感じている人も少なくありません。特に運用型の広告やSNS担当など、デジタルマーケティング職の若手に多い印象です。

　これらの問題は、「マーケティング全体（面）の中で、様々な手法や施策（点）を理解できていない」という同じ根っこを持っています。つまり、あなたはまだマーケティングの個別知識や経験を＜点⇄線⇄面＞としてつなげられていないのです。

みんな事例が大好き

　では、どのようにすれば＜点⇄線⇄面＞をつなげることができるのでしょうか。その答えは「抽象化」にあります。ここで言う「抽象」とは、「……ということはつまり？」を指し、対になる概念は「具体」です。

　どの業界に属する人も、事例が大好きです。

　メディアやセミナーでは、「○○の成功（失敗）事例に学ぶ～」「プロモーションの成功事例10選」「最新事例レポート」などが大人気。みんな「聞

けばすぐにわかる具体」を欲しているのです。

　私も年間50回以上の講演・講義を行いますが、事例を話せば話すほど事後アンケートの満足度が高くなる傾向があります。アンケート満足度だけを高めるなら、多くの事例を紹介すればいいので苦労はありません。しかし私の講義は事例が少なめです。なぜなら、<u>**いくら事例を学んでも、再現可能性を高めることはできない**</u>からです。

　広告、PR、マーケティング業界には、膨大な数の過去事例に精通する「事例博士」のような人がいます。どんな話題でも「あ、それは〇〇社の事例に似てますね」「〇〇の事例では成功していましたよ（成功しませんでしたよ）」など、とにかく過去の事例に当てはめて話を展開する傾向があります。しかし、厳しいことを言うと、事例博士はあまり仕事ができません。理由は自分の頭で考えないため、「事例の焼き直し」しかできず、自社の業務で成果を出すことができないからです。

　繰り返しますが、マーケティングの目的は「お客様に買っていただくこと」であり、マーケティングコミュニケーションの目的は「お客様に買っていただくために、意識や態度を変えること」です。**A社の成功事例は「A社特有のマーケティング課題やマーケティングコミュニケーションの課題を解決するために実施した施策によって、A社の課題が解決した事例」**です。その成功事例はA社の商品特性、強みや弱み、競争環境、使える予算、タイミングの最適性などが合致したから成功したのであり、**B社がそのまま真似をしても前提が違いすぎてうまくいくはずがない**のです。

　これが前章で解説した「多発する医療ミスの根源的問題」の正体です。

　事例は、記事を読んだりセミナーを聞いたりすれば「なるほど！」「わかりやすい！」と感じるでしょう。しかし事例を学ぶ目的は「事例を学ぶことそのもの」ではなく、「自社が筋の良い戦略を立てるため」「再現可能なマーケティング施策を講じるため」に、本質的な理解を補助することであるはずです。であれば、表面的に事例をさらうのではなく「それぞれの事例から抽出できる本質は何か？」「A社、B社、C社の成功事例に共通するパターンや法則は？」と抽象化する作業が必要なのです。

正しい診断と処方ができないことで
引き起こされる事象

「面」の中で「点」を
理解できていないから

結果、こうなる

原因の根っこ

「面」の中で「点」を理解できていない	バズワードに飛びつき成果が上がらない＝薬の効能効果を正しく理解できていない	そもそも「期待する成果」が曖昧	期待した成果が得られない（と感じる）
		施策とKPIが合っていない	
	診断をすっ飛ばしてしまう＝主要な病気を知らないため課題を正しく診断できない	「期待する成果」が「売上」になってしまっている	売上につながっている実感が得られない
		今期の売上に施策が集中	
		1箇所しか治療しない（病巣はひとつではない）	
学習しようとしても途中で挫折してしまう		マーケティングの「どこ」をやっているのかわからない	仕事がつまらない
		狭い範囲しか担当できず縦横との連携感がない	
		仕事が単調で成長実感が得られない	

図3-1　医療ミスの原因と結果

＜点⇄線⇄面＞は抽象化によってしかつながらない

　＜点⇄線⇄面＞をつなげることで医療ミスをなくし、かつ再現可能性の高い筋の良い戦略を立てることができるようになるためには、**具体と抽象を縦横無尽に「行ったり来たり」できる力が必要**です。

　ビジネスコンサルタントで著述家の細谷功氏は、著書『「具体⇄抽象」トレーニング』(PHPビジネス新書)※1の中で、「抽象化とは、ごく少数の言葉や図形で森羅万象を説明すること」とし、図3-2の左の小さな正三角形が、右の大きな正三角形に変化していくことが「知の発展」であると言います（ち

※1　図3-2〜3-4は同書を参考に作成。

なみに、本書は全マーケター必読の書です)。

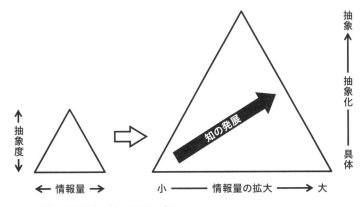

図3-2 人間の知的能力と知の発展モデル

　細谷氏は、同書の中で問題解決には3つのパターンがあるとし、縦移動のない水平のみの論理展開は「筋が悪い」と述べています。

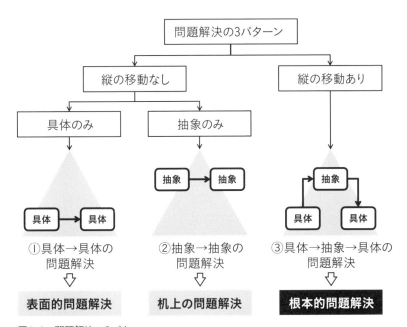

図3-3 問題解決の3パターン

この（素晴らしく抽象化された！）フレームを用い、よくあるマーケティングの現場を考察してみましょう。

①＜具体→具体＞による表面的問題解決

「話題の○○に取り組めば、うちも成功できるんですよね？」

「他社が成功している○○をうちでも始めたい」

「もっと他社の成功事例を集めてください。それで上層部を説得します」

具体→具体の表面的問題解決は、これらのように思考停止した表面的な考察しかできていない状態を指し、医療ミスの根源となります。

②＜抽象→抽象＞による机上の問題解決

「ブランディングを強化して売上を増やしましょう」

「こちらから売り込むのではなく、コンテンツをフックに相手から見つけてもらいましょう」

「ファンを育成するためにカスタマーエンゲージメントを高めましょう」

もっともらしいフレーズですが、なぜそうするのか、具体的にどのようなアクションを取ればいいのかわかりません。むしろミスリードを誘発するリスクが大きい、空虚なカタカナオンパレードトークになりがちです。

③＜具体→抽象→具体＞による根本的問題解決

「大量の広告出稿によって、さすがにCPAが上がってきていますね（具体）。これはデジタル広告だけに頼った『いますぐ客』の獲得効率向上の限界を示しています（抽象）。来期は『そのうち客』を育成するため○○にも取り組みましょう（具体）」

現在起こっている事象と問題点を具体で捉え、それを一度抽象化して根本的な課題を見出し、最後に課題を解決するための具体施策に落とすという縦移動を伴った筋の良い論理展開がされていることがわかります。

＜具体⇄抽象＞の縦移動が鍵

全体（面）の中で個別課題や施策（点）を捉えることができる人は、頭の中で＜具体→抽象→具体＞の「縦移動」ができています。たとえば、第2

章で、「テキストや画像を動画にしたところで、相手の感情を動かさない限り拡散はしない」という考察がありました。<具体→具体>のままだと「動画だからと言って必ずしも拡散しない」としか考えられませんが、一方で「コンテンツマーケティングのコンテンツも、バズのコンテンツも、インフルエンサーの投稿も、SNS公式アカウントの投稿も、ファンの投稿も同じように、必ずしも拡散しませんよね。なぜなら〜」と捉えられる人がいます。これが、抽象化と具体化をしながら発想できている状態です。

　拡散という概念を抽象化できている人は、次に何か新しい手法が生まれ、「拡散性が高い」と謳われていても「今度こそすごい手法だろう！」と飛びつきません。拡散の概念が抽象化できているため、「新しい拡散性が高い（と謳われている）手法（具体）」→「相手の感情が動かない限り拡散は起こらない（抽象）」という思考プロセスによって、そんなに簡単に拡散は起こらないという結論に達することができます。これが、抽象化の力です。

　マーケターのスキルとは、この<具体⇄抽象>を、どのくらい瞬時に、縦横無尽に、正しく行ったり来たりすることができるかによって決まります。<具体⇄抽象>スキルが高いから<点（具体）⇄線⇄面（抽象）>がつながり、<点⇄線⇄面>がつながっているから<具体⇄抽象>の縦移動ができるのです。

　そして、この<具体⇄抽象>は2階層ではなく、複数の階層があります。**「具体か抽象か」の二元論ではなく、抽象の上にさらなる抽象があるというロジックツリーのような多重構造**をしています。

　先に挙げた拡散を例に考えれば、「動画だからと言って必ずしも拡散しない」を出発点とした場合、「拡散する情報は、驚き、笑い、共感、賛否両論、怒り、感動など感情の振り子が大きく触れたときだから、動画だけでなく、バズコンテンツ、インフルエンサー投稿、SNS公式アカウント投稿、ファン投稿も必ずしも拡散するわけではない」→「デジタルコンテンツだけでなく、テレビCMも、駅貼りポスターも、パブリシティも感情の振り子を大きく動かせばSNSで拡散する可能性がある」→「マーケティングコミュニケーションだけでなく、話題にしたくなる新商品を開発する手もある」と思考を巡らせることができます。このように、**<具体⇄抽象>の階層が多重化されている人ほど、「一を聞いて十を知る」**ことができるのです。

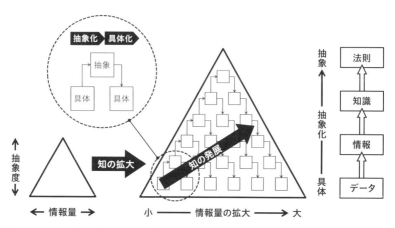

図3-4 人間の知の発展のイメージ

縦移動が横幅を広げる

　では、縦と横、どちらから広げれば三角形の面積は大きくなるのでしょうか。答えは、<u>＜横→縦→横＞の順番</u>です。実務スキルとしての「点」が複数なければ縦の抽象化はできません。点のバリエーションを知らない駆け出しコンサルタントが策定する戦略の説得力が弱いのは、横幅が狭いうちに縦移動をしようとしているからです（仕事だから仕方ないのですが）。**抽象ピラミッドの面積を広げるためには、まず初めに知識を増やすことで一定レベルまで横幅を広げることから**始めてください。

　しかしここで注意が必要なのは、**一定レベルまで横幅を広げたら、縦移動をするべく意識的に抽象化に取り組む必要がある**ということです。

　若いデジタルマーケターに多い「仕事が単調でつまらない」「自分の仕事が全体の中のどの部分なのかわからず閉塞感がある」という悩みは、運用型広告による収穫、SNS運用によるエンゲージメントの獲得など、具体の業務とそれに紐づくKPI達成だけに集中し、縦移動の意識を持てていないことに起因します。だから「飽きる」のです。

　また、「いろいろな本を読んで新しい知識を学んでも、実務でどのように活かしたらいいかわからない」という悩みも同様です。知識を横に広げることばかりに集中し、縦移動の意識が弱いのです。なぜ縦移動ができない

のでしょう。それは、縦移動は自分の頭で考えない限りできるようにならないからです。

「知っている」レベルの知識であれば、読書やセミナーに参加すれば習得することができます。しかしそれを抽象化することで本質を抽出し、「ということはつまり〜」とパターンや法則性を見出すためには、自分の頭で「なぜなんだろう」「他にも同じような構図の話はないのかな」などと思考・反芻し、「なるほど！　そういうことか！」と、自分なりの気づきを得なければなりません。

横幅は学習や実務で広げることができます。しかし、縦移動は「思考」、つまり自分の頭で考えることでしかできるようになりません。「事例が少なくてわかりづらい」「抽象的な話ばかりで実務では役に立たない」「もっと具体的に教えてください」と考えがちな人は今日から考えを改めてみましょう。

脱「頭でっかち」

ここまで、具体⇄抽象の重要性について解説してきました。**三角形の面積は、手持ちの具体→抽象→具体の数に比例**します。楽器を演奏する人はわかると思いますが、何度も演奏している曲は、コード進行を手が覚えているため、譜面を見なくても演奏できますよね。それと同じで、具体→抽象→具体を習慣的に繰り返している人は、具体を見聞きした瞬間、頭の中で抽象処理をして瞬時に質の高い思考に移ることができます。

独自の理論やフレームについて解説する本の著者に、コンサルタントや支援会社の人が多い理由は、多くの企業の同一テーマの解決に繰り返し従事する中で抽象化によって隠れた本質を抽出し、パターンや法則性を見出すことが進みやすいことや、多くの企業課題に共通する法則性を見出さないと仕事にならないという背景があることも大きな要因だと感じます。

学習や実務経験を積めば、具体は増えます（三角形の横幅は広がります）。マーケティングの本をたくさん読んでいる人は、多くの概念やフレームなどの知識が豊富です。しかし一方で、「あの人、知識はすごいんだけどね……」「なんか教科書的で説得力がないんだよね」と揶揄されることも少なくありません。また、特定領域（点）の実務経験が長い人で「この手法はこ

のやり方が一番うまくいくから、今回もこれで問題ない」「それは過去に
やったけどうまくいかなかった」と、固定観念が強い人がいます。これらは
「具体でっかち（具体→具体しかできない頭でっかち）」の状態です。

　他方、「ソーシャルエンゲージメントを高めることでブランディングを推
進し、サイトトラフィックとコンバージョンレートを高めましょう」や「カ
スタマーエクスペリエンスを最適化することによってファネルの各段階に
おける歩留まりを向上させ、マーケティング効果を高めましょう」など、
「何か言ってるけどよくわからない」人もいます。これらは、「抽象でっかち
（抽象→抽象しかできない頭でっかち）」の状態です。具体と紐づいていないた
め、空虚で説得力がありません。

　具体⇄抽象の三角形は、具体→具体でも抽象→抽象でもなく、具体→抽
象→具体でしか大きくすることはできません。具体（横）を学び、自分の頭
で考えることで縦移動し、そこから具体（横）に落とすことを繰り返してく
ださい。

＜知る→わかる→できる＞の３ステップ

　＜点⇄線⇄面＞をつなげるヒントは、「面（抽象）からの逆算で点を見る」
にあります。

　実務で使える「できる」の段階に行くためには、必ず「知る」と「わか
る」を経なければなりません。

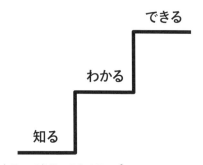

図3-5　＜知る→わかる→できる＞の３ステップ

ポイントは、＜知る→できる＞ではなく、＜知る→わかる→できる＞であることです。世の中には、「やり方がわかれば、すぐにできるようになる（＜知る→できる＞が直結する）」仕事も少なくありません。しかしそれらは＜具体→具体＞の仕事で、早晩AIに取って代わられる可能性が高い仕事です。AIに代替されないマーケターを目指すなら、「わかる」を経ないと「できる」ようにならない抽象度の高い実務スキルを身につけなければなりません。

知識とスキルは別モノ

　知識とスキルは違います。知識とは「ある事項について知っていること。また、その内容」であり、スキルとは「熟練した技術」を指します。

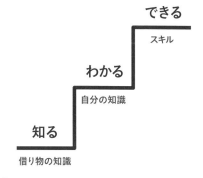

図3-6　知識とスキル

　知識は、読書やセミナーなどへの参加で増やすことができます。ただし、そこで知り得た知識の多くは、そのままでは実務で使えないことが少なくありません。その理由は、得たばかりの知識はまだ借り物で、自分のものになっていないからです。インプットした具体の知識を自分の頭で考え抽象化することで本質を抽出し、パターンや法則性を見出すことで、「わかる」に昇華させる。「なるほど！　そういうことか！」と気づきを得る。**「知る」ことで「できる」ようになったことは、応用が利きません。しかし「知る」ことで「わかる」ようになったことは、他の業務でも広く転用することができます。**「知る」は具体で、「わかる」は抽象であることが多いからです。新しく植えた植物が、しばらくして土に根を張り、急に成長し始めるよ

うに、知識も「借り物の知識」から「自分の知識」として根を張らせ、抽象化する試行錯誤が必要なのです。

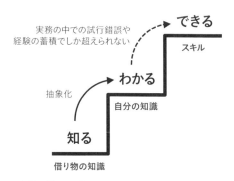

図3-7　「知識」から実務で使える「スキル」へ

「具体」の本質を、「抽象」から眺める

　しかし、これが言うほど簡単ではありません。どうすれば多くの人が挫折してしまう<知る→わかる>の壁を超えられるのでしょう。

　私は「点（個別施策）の本質は、面（全体像）の中でしか理解できない」、具体⇄抽象に例えて言えば**「具体の本質は、抽象から眺めるとわかりやすい」**という仮説にたどり着きました。

　点を線としてつなげ、面に達するためには、点や線を学ぶ工程を面の中で行う、つまり常に「いま自分はどこの何を学んでいるのか」という全体感を把握しながら学べば、道に迷わないし、順番も間違わないし、納得感も高まるし、成長実感が得られ、挫折せずに続くんじゃないか。これが本書でチャレンジしたいことです。

　本来であれば「点」を「線」としてつなげ、「面」にする抽象化スキルは、自分の頭で考え、反芻し、自ら「気づき」を得ることでしか手に入れることはできません。しかし、なんとかしてひとりでも多くのマーケターに<点→線→面>の視点を手に入れて欲しいと考え、**<面→線→点>の逆引きで<点→線→面>の思考**に誘うチャレンジをします。

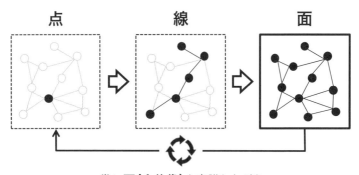

点　　　　　　線　　　　　　面

常に**面（全体像）**を意識しながら
線（つながり）の中で
点（個別の知識）を学ぶサイクルを回す

図3-8　＜面→線→点＞の逆引き

　業界では、多くのP&G出身者が活躍しています。彼らは、なぜ異なる業界でも活躍し、大きな成果をあげられるのか。その理由こそ、「超高度に抽象化された自分だけの立体図を有しているから」にほかなりません。広い横幅と高い抽象度による大きな三角形を持ち、点と線と面で構成される立体図の中で＜具体→抽象→具体＞を思考できるからこそ、属する業界や担当する商品が変わっても、再現性高く筋の良いマーケティング戦略を策定し、PDCAを回しながら最短距離で目標に近づくことができるのです。

　具体⇄抽象の重要性がおわかりいただけたでしょうか。次章以降では、本章の内容を踏まえ、＜面→線→点＞の逆引きにおける＜点→線→面＞の思考法を解説していきます。

マーケティング戦略の全体像
＝＜面＞を描く

　ここから＜面→線＞の逆引きに入ります。点（個別施策や手法）が線としてつながらない理由は、「マーケティングの流れ（線）」の中で「点」を見ることができていないからです。

　さらにその流れは単独で存在しているのではなく、全体の戦略（面）に従って伸びています。「はじめに」でマーケティングを登山に例えましたが、頂上までのルートは1本ではありません。本章では、頂上にたどり着けるかどうかを決める「戦略の本質」から見ていきましょう。

筋の良い戦略が描けない理由

図4-1　マーケティングにおける面と線と点のイメージ

戦略とは何か

　マーケティングの現場では、「新商品のプロモーション戦略を考えよう」「PR戦略を強化して露出を増やそう」「CRM戦略でLTVを向上させよう」など、あらゆる場所や場面で「戦略」という言葉が登場します。

　戦略と名のつくものには「経営戦略」「成長戦略」「競争戦略」「アライアンス戦略」「人事戦略」「財務戦略」「マーケティング戦略」「CRM戦略」「広告戦略」「PR戦略」「SDGs戦略」「DX戦略」「戦略思考」「キャリア戦略」「人生戦略」など、実に様々なものがあります。中には「戦略」というより「戦術」だったり、単なる「目標」だったり、はたまた「考え方」や「実行計画」に近い概念として使われるケースも少なくありません。

　言葉に「戦略」がついているにもかかわらず全体像がボヤけていたり、「何をするのか？（＝実行すること）」や「なぜそうするのか？（＝理由）」がフワッとしてしまう理由は、「戦略」の定義そのものが曖昧だからです。

　そもそも、「戦略」とは何なのでしょうか。広辞苑〈第七版〉では、下記のように定義されています。

> せん・りゃく【戦略】(strategy)
> 　戦術より広範な作戦計画。各種の戦闘を総合し、戦争を全局的に運用する方法。転じて、政治・社会運動などで、主要な敵とそれに対応すべき味方との配置を定めることをいう。

　この定義から、**戦略とは競争相手と戦い、勝利するための「全体的」な「資源配分」を決めること**であることがわかります。

　仮に、あなたの会社が持つ経営資源が無限なら、戦略は必要ありません。あらゆる場所で「全張り」すればいいからです。でも、そんなことあるはずがありません。実際には、特定商品やサービスに投下できる資源（お金や労力など）には限りがあります。**限られた経営資源の中で「何かを実行する」ことは、「何かを実行しない（できない）」ことと同義**です。つまり、戦略とは常に資源配分におけるトレードオフの選択であり、逆に言えばトレード

オフではない戦略は「戦略になっていない」ということでもあります。

「筋の良い戦略」と「筋の悪い戦略」の違い

　先ほど、「戦略とは、競争相手と戦い、勝利するための全体的な資源配分を決めること」と定義しました。ここで言う「勝利」とは「目標を達成すること」です。つまり戦略とは、「目標を達成するために全体的な資源配分を決めること」なのです。具体例で見てみましょう。

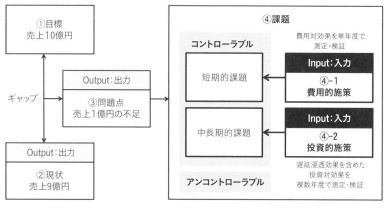

図4-2　出力と入力

　仮に、売上10億円という「目標」があったとして、現状は9億円しかないとします。目標と現状（理想と現実）のギャップが「問題点」（＝ここでは「1億円の不足」）です。ここが間違いやすい点なのですが、問題点は結果としての「出力（Output）」であり、直接コントロールできません。**問題点を解消するためには、何かしらの「入力（Input）」をする必要があります。この入力が「（課題を解決するための）施策」**です。

　また、入力にも**「即効性はあるが、やめた瞬間効果がなくなる費用的施策（例：リスティング広告）」**と、**「即効性はないが、ジワジワ効き続ける投資的施策（例：ブランディング広告）」**の2つがあります。現在の「売上1億円の不足」という事象（出力）を「どのような課題」として捉えるかによって、選択する施策や予算配分（入力）が変わります。

　このように、「目標→現状→問題点→課題→施策」が論理的に組み立てら

れ、全体の設計図になっていれば「筋の良い戦略」と言え、ここの組み立てがバラバラだと「筋の悪い戦略」となります。問題点の解像度が粗いと、課題設定を誤ります。課題設定を間違うと、施策の設計（そもそも何をするか）を誤ります。このように、「筋の悪い戦略」とは「施策の設計」や「施策そのもの」が悪いのではなく、「論理の設計段階」で間違っています。

いろんなところが少しずつ悪い

上記はわかりやすい例ですが、実際はもう少し複雑です。たとえば、KGI（Key Goal Indicator：重要目標達成指標）に影響を与えるKPI（Key Performance Indicator：重要業績評価指標）が4つあるとします。

多くの人は、図4-3のパターンAのように「KGIの数値が悪いのは単一のKPIに要因がある」と考えてしまいがちです。しかし実際はパターンBのように「いろいろなところが少しずつ悪い」のです。

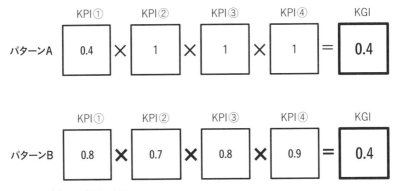

図4-3 病気は1箇所ではない

思うように売上があがらないという病気の原因はひとつではありません。いくつかの場所が、少しずつ「悪さ」をしているため、ひとつの病気だけを治しても全体の数値（KGI）は上がらないのです。

課題の解決策は「直線的」ではなく「構造的」

さらに、マーケティングの現場で発生する「課題」と「解決策（施策）」の関係は、上記のようにシンプルで直線的なものばかりではありません。と

いうより、ほとんどがもっと複雑かつ構造的です。「CMを増やせば売上があがる」「認知度が向上すれば売上があがる」「SNSでバズれば売上があがる」「インフルエンサーが投稿してくれれば売上があがる」などのように、因果が直接的かつ直線的なものではないのです。

戦略は俯瞰して「構造」を視る

「結果」には「複数の原因」がある

　ほとんどの「結果」には「原因（要因）」があります。ただ、「結果」に影響を与える「要因」はひとつではなく、複数あります。**「因果関係」の「因（原因・要因）」は複数あり、この「因」を統計学では「変数」と呼びます。**

　わかりやすく理解するために、体重（ダイエット）を例に考えてみましょう。図4-4を見てください。

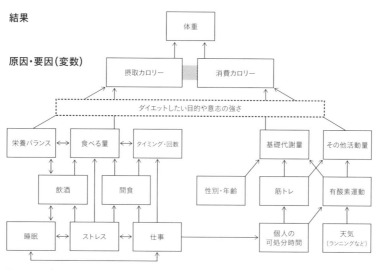

図4-4　ダイエットにおける変数の構造図

　「最近太ってきたな……」「ダイエットするぞ！」と考えた場合、多くの人

は食べる量を減らすか、運動するか、またはその両方に取り組みます。体重は直接コントロールすることができない「結果（出力）」であり、体重（の上下動）は摂取カロリーと消費カロリーという2つの「変数（入力）」に影響を受けることを知っているからです。

　しかし、話はここで終わりません。食べる量を減らし、運動をすれば、体重は減る。これほどわかりやすくシンプルなことはありません。誰でもできそうです。しかし、ダイエットに取り組んだことがある方ならわかると思いますが、これが本当に難しい。なぜダイエットはこれほどまでに難しいのか。その理由を紐解いてみましょう。

　摂取カロリーを減らすためには「食べる量」を減らせばいい。しかし、これがなかなか減らせない。その理由は、「食べる量」という変数には、さらに複数の変数が関わっているからです。仕事が忙しかったり不規則になると食事のタイミングや回数が乱れます。忙しくて昼食が取れなかった日は、夕食や深夜にどか食いをしてしまうこともあるでしょう。また、仕事上のストレスが大きくなると、飲酒の量も増えがちです。お酒をたくさん飲むと、お酒自体のカロリーもありますが、ビールのお供に食べるフライドポテトや唐揚げなども摂取カロリーを増やしてしまいます。同時に、栄養バランスも崩してしまう。さらに、飲酒量が増えると睡眠の質が悪くなり、睡眠の質が悪くなるとさらにストレスを増してしまうという悪循環。

　このように、「食べる量を減らそう！」と思っても、それがなかなかうまくいかない理由は、様々な変数（ここでは仕事やストレス、飲酒、睡眠など）が影響しているからです。そして、それぞれの変数は独立して存在しているのではなく、因果の構造を形成しているのです。

　また、体重を減らす（消費カロリーを増やす）ためにジョギングやランニングを始める人も少なくありません。しかし、これがまた続かない。その理由は「仕事で疲れている」「眠い」などもありますが、「走りに行こうと思ったら雨が降っていて行けない」や「寒すぎる」「暑すぎる」などといった天候の問題です。天候は自分の努力ではコントロールできない「アンコントローラブル要因」です。

　このように「ダイエットの難しさ」にも、「構造化された変数」や「アンコントローラブル要因の存在」が潜んでいるのです。

売上がつくられる因果構造

「CMが良かったから売れた」「商品が悪くて売れなかった」など売上の好調・不調を言い当てようとする会話はそこら中で繰り広げられています。しかし、先に述べたように、売上という結果（出力）には複数の変数（入力）が密接に関わっており、かつそれらの変数は因果や相関でつながっています。これを示したのが、拙著『売上の地図』（日経BP）であり、図4-5（巻頭折り込みにも掲載）はそれをさらにわかりやすく改変したものです。

<u>**売上が「変数の構造物」によってつくられているのなら、必然的に戦略も「構造的」なものになります。戦略は、直線的ではなく構造的**</u>なのです。

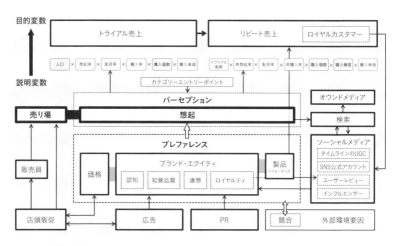

図4-5 売上の地図_v3

構造は俯瞰しないと描けない

構造が「いくつかの部分から全体を成り立たせる組み立て」であるならば、正しく構造化するためには全体を大局的に考察できなければなりません。そのために必要なのが「俯瞰の目」です。

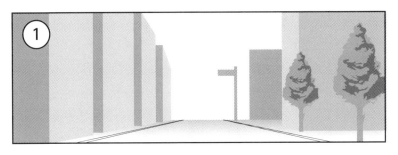

図4-6 銀座を捉える4つの視座

　図4-6は銀座の地図です。①はストリートビュー、②は銀座周辺、③は首都圏、④は関東一円を見通す視座です。仕事に例えると、①は実務経験が1〜3年の「現場担当者の目」です。銀座一帯は高い解像度で見えているため、「銀座で起きている問題」には気づき対処することができます。しかし、「隣町で起きている問題」には気づけず、対処できません。

　また、「銀座で起きている問題」が「隣町で起きている問題」によって引き起こされていても、その因果に気づけません。そのため、いくら銀座の問題を解消しても、次々と問題が発生してしまうことになります。なぜなら、銀座で起こっている問題（因果の「果」）は、隣町で起こっている問題（因果の「因」）に起因しているからです。銀座で起こる問題を減らすためには、隣町の問題解決に着手しなければなりません。

　同様に、②の視座を持つ人は、首都圏で起きていることに起因する問題には気づけず、③の視座を持つ人は、関東一円で起きていることに起因する問題に気づけません。「戦略全体を俯瞰して構造化する」ためには、できる限り高いところから全体を見渡せる「高い視座」が必要なのです。

大切なのは視座をチューニングできる力

　一方で、視座が高ければいいという話でもありません。④の視座で全体像が見えても、③②①が見えなければ正しく問題点を把握できません。現

場感に疎い上層部が考えた戦略の実現可能性が低い理由はここにあります。

上空から見れば、「問題はAとBだ！」「AとBを徹底的に解決して売上を増やせ！」となっても、現場からすると「いやそりゃそうなんだけど、それができなくて困ってるんだよ……」となりがちです。なぜならAとBが問題なのは、近隣のCやDやEが問題を起こしているからです。

つまり、高い視座を持つ人が常に正しい判断ができるわけではなく、①〜④の視座を必要に応じて「ズームイン・ズームアウトできること」が大切なのです。

思うように売上があがらないとき、その結果を引き起こしている変数には、製品パフォーマンス、売り場、想起、好意、信頼、クチコミ、ソーシャルメディア、オウンドメディア、インフルエンサー、ブランド、ロイヤルカスタマー、広告、PR、販売促進、従業員のやる気、競合の存在、景気など様々なものがあります。これら個別の変数までズームインし、仮に「想起」に問題がある場合、さらに「想起」についてズームインする。そして、課題解決に向けた施策を講じながら、今度はズームアウトして全体への影響を測定・検証できることが必要です。

役職が上がれば、対処しなければならない範囲が広がる（視座を上げなければならなくなる）ため、「現場の細かいこと」はわからなくなります。しかしそれは「現場感をなくすこと」とは違います。現場の細かいことはわからない。しかし、現場で「どんな問題が起こりがちなのか」「その問題が起こる要因にはどんなものがあるのか」「その要因は他のどんな要因と影響し合っているのか」「解決する手立て（施策）にはどんなものがあり、どんな施策は効きづらいのか」などについて熟知していなければなりません。

高い視座を持つ人の役割は「高所から（現場感のない）指示を出すこと」ではなく、低所から高所まで縦横無尽にズームイン・ズームアウトをしながら、全体構造の中で問題点を明らかにし、課題解決に向けた施策の組み合わせや選択の意思決定をすることです。「点」や「線」を理解しているからこそ「面」の状態を正しく「視て、診る」ことができるのであり、「点」や「線」（＝現場感）の視点を持たない「面」の考察による号令は「理想論」や「単なる希望や願望」です。それは決して「戦略」にはなりえません。

「売上」を
「効果測定指標」にしてはいけない理由

　大事なことなのでもう一度言いますが、**売上は「結果」であり直接コントロールすることはできません**。だからこそ、売上を効果測定指標にしてはいけません。

　車の運転をしていて時速30kmで走っているとき、当たり前ですが速度メーターは時速30kmを示しています。他の車の流れに乗るように、スピードを時速40kmまで上げたいとき、何をしなければならないか。当然、アクセルを踏まなければなりません。このとき、アクセルが入力、車のスピード（速度計に示される数値）が出力です。売上も同じです。入力（施策）があり、出力（売上）がある。まずこの「因果の順番」が大前提です。

　そして、結果に影響を与える要因（変数）は複数あり、それらは構造的につながっています。結果に影響を与える変数が構造的なのであれば、戦略も構造的でなければなりません。

売上は原因特定解像度が低い

　本題に入りましょう。なぜ「売上」を「効果測定指標（≒KGI）」にしてはならないのか。それは、**売上は数多ある経営指標の中で最も「原因特定解像度」が低い指標**だからです。

　原因特定解像度とは、その名の通り「施策（入力）の成功や失敗（出力）の原因をどのくらい正確に特定できるか」を示すものです。先に挙げた車の例で言えば、スピードが上がった主要な原因は、①アクセルを踏んだ、②下り坂だった、③強い追い風が吹いた、の3つくらいしかなく、原因特定解像度が高いと言えます。一方、本格的なインド料理屋などで提供される「30種類のスパイスを使用して作ったカレー」の場合、「どのスパイス」が「おいしさ」に影響を与えているのか、原因（特定のスパイス）を特定することは困難です。この場合、原因特定解像度が低いと言えます。

　では、原因特定解像度が低いからと言って、それぞれのスパイスに「意味がない（役に立っていない）」のかと言えば、当然ながらそんなことはあり

ません。クミン、コリアンダー、シナモン、クローブ、ナツメグ、ガラムマサラ、カイエンペッパー、ブラックペッパー、ジンジャーなどのスパイス（入力）すべてが調和し「おいしさ」という「結果」を出力している。この「おいしさ」は、マーケティングにおける「売上」とよく似ています。

入力には「役割」がある

原因を特定することのもうひとつの難しさは、入力（施策）の役割がそれぞれ異なることです。カレーの「辛さ」を調節したいのなら、カイエンペッパーの量を変えればいい。しかし、カレーの「おいしさ」を向上させたい場合、その方法（使用するスパイスの種類や調合、使用する具材や調理法）は多様で、選択肢は多岐にわたります。

カレー作りにおいてクミンが良い匂いを出し、カルダモンが清涼感を出すように。サッカーでは11人の選手がいて、攻めや守りなどそれぞれに役割があるように。電子回路に基盤、抵抗器、コンデンサ、インダクタなど様々な部品があるように。あなたの会社にも様々な部署があります。

会社（経営）の目的は（雇用の創出や納税や社会貢献などを前提として）売上と利益をあげることです。ですから、あなたの会社にあるあらゆる部署、チーム、個人が取り組んでいる仕事は、すべて「売上と利益をあげること（またはそれを支援すること）」に向かっているはずです。

良い商品を作るための基礎研究や応用研究も、売れる商品を開発するためのリサーチ・商品企画・設計・購買・開発も、広域流通や卸営業や店頭販促やECも、広告も広報もマーケティングも顧客サポートも、さらにそれらの部署を支えるバックオフィスも、すべて売上と利益をあげることを最終目標とし、それぞれ課せられた「役割」を果たすべく努力をしています。

誰の仕事が売上をつくっているのか、逆に誰の仕事は売上に寄与していないのか、それぞれを「虫の目」で視るのではなく、結果としての売上に影響を与えている戦略や施策の構造を「鳥の目」で俯瞰し、**大局的見地から「資源の入力を調整」する。「売上＝異なる役割を持つ社員全員の仕事が少しずつ効いてつくられるもの」と認識することが戦略設計のスタートライン**となります。

このように、売上は複数の部署が、さらにそれぞれ複数の入力を行った

結果として得られる最終出力であるため、原因特定解像度が低く、何が今月の売上の上下動に影響を与えたのか、細かく把握することは困難です。

だからこそ、**部署やチームのKGIは「売上」ではなく、①売上と因果関係にあるまたは相関する、②当該部署の努力で可変、と言える指標をKGIとすべき**です。宣伝部であれば、商品や価格やプロモーションや配荷などのマーケティング全体の効果としての売上ではなく、広告効果としての認知や商品理解、さらにそれらの向上による購入意向をKGIにすべき、ということです。過去に当該商品を購入したものの満足度が低かった顧客の「リピート購入」を広告だけで促進することはできません。広告は売上づくりに貢献しますが、広告だけで売上をつくることはできないのです。

良い戦略の4要素

戦略が「絵に描いた餅」になりがちなのは、戦略の4要素、つまり「実行可能」「実現可能」「計測可能」「再現可能」を満たしていないからです。

「戦略はつくったけど予算が足りない」「競合や天候など、自社でコントロールできない要素が多すぎて戦略通りに行かない」では困ります。戦略は実行可能でなければなりません。

「成長市場に参入するのはいいけど、うちにそこで勝てるノウハウなんてあったっけ?」「上層部は来年度中に売上1.5倍にしろって言うけど絶対無理!」では困ります。戦略は実現可能でなければなりません。

「戦略って測定が難しいよね」「結局、今回の戦略がうまくいったのか、よくわからないな」では困ります。戦略は計測可能でなければなりません。

「今期は(偶然)SNSで話題になって客数が伸びたな!」「来期もテレビとかで紹介してもらえると客が増えるんだがなあ……」では困ります。戦略は再現可能でなければなりません。

戦略とは、「目標を達成するために全体的な資源配分を決めること」です。すべての戦略がうまくいくことなどないので、戦略実行後、「何がうまくいき、何はうまくいかなかったのか」を振り返り、改善を加える必要があります。その際、重要になるのが「計測可能な戦略になっているかどうか」です。「**戦略のパス(大きな経路)ごとに計測可能な数値目標が設定されているかどうか**」と言ってもいいでしょう。ぜひ意識してみてください。

マーケティング戦略の
9つの原理原則

　ここまで戦略について考察してきました。戦略は直線的ではなく構造的です。そしてこの構造は、ビルや住宅建築の構造計算と同じように、一定の原理原則に基づいてつくられています。この「原理原則」をキッチリ理解すると、戦略策定時の解像度が格段に上がります。前章までの解説の中で登場してきたものもありますが、第6章の総仕上げのために欠かせない重要項目のため、復習を兼ねて追加で解説を加えます。

9つの原理原則

　これから9つの原理原則を解説しますが、それぞれのフレームは単独で存在するものではなく、「構造体におけるひとつのモジュール」として、相互に関連しています。紙面の都合上、話の論理展開は1→2→3…→9つ目としか進行できませんが、1つ目を説明しているときに5つ目や6つ目の要素が出てくることがあります。文中で（➡●●で後述）と出てくる箇所は「後で解説される他の原理原則とつながっているんだな」と捉え、後半まで読み進めたとき、前半に戻って「つながり」を確認するなどの接続作業を行ってください。

　このように、「ひとつの概念をひとつのフレームで説明しきれないこと」がマーケティングの難しさなのですが、だからこそこの「抽象化されたフレーム間のつながり」が理解できれば、数段上の高い視座から全体を俯瞰できるようになります。では、始めます。

原理原則 01 売上には「トライアル売上」と「リピート売上」の2つしかない

　売上には、トライアル売上とリピート売上の2つしかありません。トライアル売上は「買う前に買いたいと思わせるコンセプト力」に依存し、リピート売上は「買った後にまた買いたいと思わせるパフォーマンス力」に依存します。

　トライアル売上は大規模な広告宣伝などによって半強制的に増やすことができますが、リピート売上は「商品やサービスそのもの」が良くないと、継続的に購入してもらうことはできません。これがマーケティングコミュニケーションだけで売上をつくることができない所以でした。

　トライアル売上とリピート売上は、簡単な方程式で表せます。

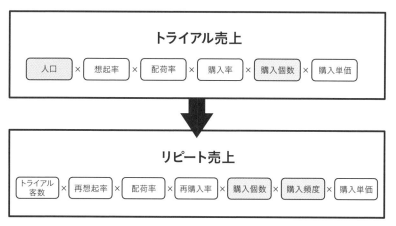

図5-1　トライアル売上とリピート売上の方程式

第5章　マーケティング戦略の9つの原理原則

　トライアル売上は、**人口×想起率×配荷率×購入率×購入個数×購入単価**で表されます。あなたも一度計算機を持って自身の担当商品の計算をしてみてください。驚くほど「だいたい当たっている」と思います（だから方程式なのですが）。

　ポイントは、グレーの「人口」と「購入個数」は自社ではアンコントローラブルであることです。自社単独の努力によって人口は増やせませんし、ト

145

ライアル購入の場合、購入個数は1つであることがほとんどです。

トライアル売上を増やすために企業ができる努力（コントロール可能な変数）は、想起率、配荷率、購入率、購入単価を上げることだけです。このうち、購入単価は（メーカー希望小売価格を定めることはできますが）需要や競合状況によって変わりますし、最終的な価格決定権は小売側が持つため、完全にコントローラブルではありません。だから想起率、配荷率、購入率を上げることが重要なのです（➡原理原則⑥で後述）。

次にリピート売上です。リピート売上は、**トライアル客数×再想起率×配荷率×再購入率×購入個数×購入頻度×購入単価**で表されます。多くの場合、需要は一定ですから購入個数と購入頻度はコントロールできません。

ちなみに、2個パックやまとめ買い販促によって、一定期間における販売個数を増やすことはできます。しかしこれらは需要の先食いのため、年間を通じたトータルの売上を増やすことにはつながりにくいと言えます。自社の商品を2個パックで買ってもらえば、確かに「次の購入」も（競合商品ではなく）自社商品の購入として確定させることができます。しかし、2個買ったらそれだけ「次の購入（リピート購入）」までの期間が長くなるだけで、総需要は変わりません。一度に2個買ってもらったとしても、消費の量が2倍になったり、消費のスピードが2倍になるわけではないのです。

話を戻します。リピート売上の鍵となるトライアル顧客の満足度が高ければ、リピート売上が増えるかと言うとコトはそんなに単純ではありません。あなたも過去に膨大な数のトライアル購入をしているはずですが、一定の満足を感じたとしても、定期的に購入している商品はそのうちの一部ですよね？　その理由は、忙しい日常生活と膨大な数の商品に囲まれる中で「忘れているから」です。すでにトライアルは済んでいるわけですから「知らない」ではなく「忘れている」のです。

サッポロ一番（サンヨー食品）を知らない人はごく少数でしょう。そして、生まれてこの方、一度もサッポロ一番を食べたことのない人もほとんどいないはずです。誰もが知っていて（認知）、誰もが一度は食べたことがあり（トライアル済）、おいしいことを知っている（高い製品パフォーマンス）にもかかわらず、最近（たとえば直近3ヶ月間）食べていない人は珍しくありません。朝ごはんにインスタントラーメンを食べる人は少数でしょうから、喫食機

会は昼と夜の1日2回×3ヶ月＝約180回です。直近3ヶ月間でサッポロ一番を食べていない人は、この180回の昼食と夕食時における「何食べよう？」の想起集合に、サッポロ一番が入っていなかったということです。

これが、リピート売上における重要変数に再想起率（思い出してもらえる確率）が入っている理由であり、これを高めるために各社テレビCMやバズキャンペーンや店頭マーケティングなどを仕掛けているのです。ちなみに、再想起率は思い出してもらえるシーン（＝カテゴリーエントリーポイント）の数が多ければ多いほど、再想起→購入のチャンスが拡大するため、「どんなシーンで思い出してもらえるか」も重要です（➡原理原則⑧で詳細を後述）。

本項の最後に少し違う視点の話をします。ここで一度頭をリセットしてください。

リピート売上の方程式に「再購入率」があります。これはC/Pバランス理論における製品パフォーマンスに対する満足度によって決まりますが、この「満足度」には大きく2つの種類があることを知っておいてください。たとえば「虫除けスプレー」の場合、満足度は虫除けの効力そのものによって決まります。期待する虫除けの効能効果が得られれば満足してリピート購入する確率が上がり、期待する効能効果が得られなければリピート購入してもらえません。ここでの満足度は「**機能的ベネフィット**」によって決まります。

自己実現 ベネフィット	その商品を持つことで可能となる自己実現・自己表現のかたち	自分らしくいられる、自分に価値が感じられる、ありたい自分に近づける など
↑		
情緒的 ベネフィット	その商品を持つことで得られるプラスの感情	安心感・解放感・充実感・高級感・クールだ・おもしろい など
↑		
機能的 ベネフィット	商品が持つスペックによってもたらされる便利さや利益	便利だ・安い・使いやすい・効く・早い・おいしい・軽い など

図5-2　ベネフィットの3分類[※1]

※1　デービッド・アーカーによる「ベネフィットの3分類」に著者が一部加筆。

一方、たとえばエナジードリンクの満足度は、独特の味とカフェインの摂取による脳神経の興奮（眠気覚ましや疲労感の解消）にありますが、それらの機能的ベネフィット（味の好みやカフェインによる効能効果）だけでなく、特定のブランドを飲むことによって得られる開放感や充実感といった**情緒的ベネフィット**も、満足度に影響を与えています。

また、趣味性の高いスポーツカーやこだわりの強いコスメは、「加速が力強い」「美しくなれる」といった機能的ベネフィットだけでなく、開放感や自己効力感といった情緒的ベネフィットに加え、「なりたい自分になれる」「自分らしくいられる」などといった**自己実現ベネフィット**も満足度に影響を与えます。

そして、**機能的ベネフィットは「使用したとき」に「点」として評価される**傾向があるのに対し、**情緒的ベネフィットと自己実現ベネフィットは「使い続けている生活や人生」の中で「線」として評価される**傾向があります。そのため、情緒的ベネフィットと自己実現ベネフィットが満足度に大きな影響を与え、それによってリピート売上につながるかどうかが決まる商品は、「線」としてのブランド体験の設計が重要となります（➡原理原則⑨で後述）。

原理原則 02 最寄品と買回品・専門品は 「買われ方」がまったく違う

マーケティング戦略は商品カテゴリーによって大きく異なります。それを理解するために有用なのが、第2章の医療ミス④で紹介した商品カテゴリーマトリクスです。

最寄品の場合、購入前の検討はほとんど行われず、直感や習慣による購入がなされます（検索もしないし、ブランドサイトや他者のレビューも見に行きません）。これを**ヒューリスティック処理**[※2]**による購入**と言います。

一方で買回品や専門品の場合、購入前の検討は慎重かつ丁寧に行われます。公式サイトやクチコミサイトのレビューを読み込み、十分に比較検討した後に購入することが一般的です。これを**システマティック処理**[※3]**による**

※2　情報をある手掛かりから簡単に処理する（あまり深く検討しない）こと。

※3　情報を細かく分析する（深く検討する）こと。

	最寄品	買回品・専門品
購入頻度	高い	低い
価格	安い	高い
購入失敗のリスク	小さい	大きい
関与度	低い	高い
購入前の検討	ほとんどされない （ヒューリスティック処理）	ある程度〜かなりされる （システマティック処理）
ニーズ特性	常に顕在	長期間潜在
顧客特性	「いますぐ客」が大半	「そのうち客」が大半
主要な購入場所	スーパーやコンビニなど （大きいものや重たいものは EC化率が進展している）	量販店や専門店など （総じてEC化率が 進展している）

図5-3　商品カテゴリーの比較表

購入と言います。

　このように、最寄品と買回品・専門品のマーケティングコミュニケーションにおいて最も大きく異なる点は、購入前の検討が「ほとんど行われない」か、「かなりされる」かにあります。購入前にほとんど検討されない**最寄品は、顧客の生活習慣に組み込まれること（習慣購買としてほぼ無意識に指名買いされる状態になること）が重要**であり、購入前に慎重に検討される**買回品や専門品は、オウンドメディアの充実やユーザーレビューの量や質が重要**となります。

原理原則 **03** 顧客には
「いますぐ客」と「そのうち客」がいる

　第1章のリスティング広告と掃除機の例で解説した通り、顧客には「いますぐ客」と「そのうち客」がいます。最寄品（一般消費財）はニーズが常にONのため「いますぐ客」しかいませんが、買回品や専門品はニーズが顕在化するまで長い潜在期間があるため、「いますぐ客」の何倍もの「そのうち客」が存在します。

　買回品や専門品における「いますぐ客」はほぼ確実に検索による情報探

索や比較検討を行うためデジタルマーケティングと相性が良く、その結果、リスティング広告でターゲティング→オウンドメディア（ブランドサイト）へ誘導→Cookieの取得→リターゲティング広告で収穫という流れが定着しました。

　しかし一方で、行き過ぎたデジタルマーケティングによる「いますぐ客」の効率的収穫は、「そのうち客」を育成する中長期的な活動軽視につながり、「明日の売上」づくりに苦戦する企業が出始めています（**➡第2章の医療ミス⑧参照**）。

　マーケティング、特にデジタルマーケティングの現場で発生する医療ミスや「期待と結果の認識のズレ」の大半は、このマーケティングにおける時間軸の認識の違いです。「いますぐ客」の短期的・効率的収穫の話をしているのか、「そのうち客」の中長期的・効果的育成の話をしているのか、必ずメンバー全員で認識を合わせてください。この短期と中長期が曖昧なことが医療ミスや「こんなはずじゃなかった」の根源ですから、いくら注意してもしすぎることはありません。

原理原則 04　薬の効能効果は相対的なものである

　第1章で解説した通り、この世に「どんな病気も一発で治せる万能薬（どんなマーケティング課題も一発で治せる万能施策）」など存在しませんから、病気を治すためには「病気を正しく診断」し、「その病気を治すことができる最適な薬を飲む」しか方法はありません。

　そして、第4章で述べた通り、売上は「変数の構造物」によってつくられているため、必然的に各所で発生するマーケティング課題も、その課題を解決するための戦略も「構造的」なものになります。構造は俯瞰しないと全体が見えないので、構造内での課題を正しく診断するためには構造化された地図を使うと便利です。それが図4-5の売上の地図です。

ファネルマップ
病気ごとに最適な薬を処方し治療する

（広告宣伝・PR・販促担当者は）
**マーケティングコミュニケーションで
治療可能な病気を抜き出す**

売上の地図
マーケティング全体の構造を俯瞰し病気を診断する

図5-4 診断から処方までの流れ

　まず、売上の地図を使ってマーケティング全体の構造を俯瞰して診断し、病気を特定します（例：「想起順位が低い」「リピート購入率が低い」）。次に、それらの課題をマーケティングコミュニケーションで解決できるものとできないものに分けます（例：リピート購入率の低さは製品パフォーマンスの低さが理由のためマーケティングコミュニケーションだけでは解決できない）。そして、マーケティングコミュニケーションで解決可能な課題の処方箋をファネルマップを使って導き出すという流れです。

　ここでハードルとなるのが、「病気の診断は正しくできたが、処方を間違う」問題です。「患者が頭痛持ちだったので、頭痛薬を処方したつもりだったが、実はその薬は頭痛には効かない薬だった」という「薬の効能効果の理解不足」が引き起こす問題が頻発しているのです。この問題を解消するためには、主要な薬の効能効果を正しく理解することしか方法はありません。しかし言うのは簡単ですが、これがまた難しい。ここで助けになるのが相対化です。

　あなたが担当する具体施策や具体手法の特殊性（他施策との違い）は、相対的アプローチで浮き彫りにすることができます（逆に言えば、相対的アプローチでしか浮き彫りになりません）。たとえばリスティング広告は「ニーズが顕在化した消費者（いますぐ客）の効率的収穫」が得意ですが、ブランド指名検索を増やすことはできません。テレビCMは大規模な認知獲得が得意

ですが、一人ひとりのお客様との関係構築は不得意です。それぞれの強み
や弱みは相対的なものです。病気が特定できたのなら、その病気に「（相対
的に）一番効く薬」を飲めばいいのです。

この相対化は、同じフレームで比較すると格段に理解しやすくなります。
それがマーケティングコミュニケーションのファネルマップです（巻頭折り
込み）。同じフレームで主要なマーケティングコミュニケーション施策のす
べてがマッピングされるからこそ、自身が担当する施策が持つ特性と効能
効果（位置関係）が高い解像度で見えてきます。

一つひとつの施策（点）の特徴（「できること」と「できないこと」）は、第7
章でそれぞれ解説します。本章では＜面→線＞の解像度を上げることに集
中し、あまり「点」は意識しないでください（「点」を意識せず＜面→線＞の理
解に集中した方が、後で「点」が見えやすくなります）。

次項から9つの原理原則の中で特に重要な4つを連続して解説します。
ここからは、4つのつながりを強く意識しながら読み進めてください。

- 一番売れている商品は真っ先に思い出される商品である（原理原則⑤）
- 思い出してもらえるかどうかはプレファレンス次第である（原理原則⑥）
- プレファレンスは同一パーセプション内の競争によって相対的に決まる
  （原理原則⑦）
- 売上は想起集合に入っているカテゴリーエントリーポイントの数で決ま
  る（原理原則⑧）

原理原則 05 一番売れている商品は 真っ先に思い出される商品である

売上に影響を与える変数はたくさんありますが、「お客様に買ってもらう
こと」をゴールと単純化した場合、重要な要素は2つに集約することができ
ます。それが、**「想起のされやすさ」（メンタルアベイラビリティ）と「買い求
めやすさ」（フィジカルアベイラビリティ）**です[4]。

※4　この2つはマーケティングコミュニケーションを考える上で最も重要な概念であるため、
　　様々なところで声を大にして繰り返し述べてきた。前著『売上の地図』（日経BP）や日経
　　クロストレンドの連載「マーケティングの地図」と同じ内容なので、既知の方は読み飛ば
　　していただくことも可能。

私の実生活を例に考えてみましょう。

....

（生活シーン）今日もリモート勤務で朝からよく頑張った！　疲れたなー。晩ごはんはビール飲みながらしっかりした味のもの食べたいな。よし、麻婆春雨にしよう（作るの簡単だし）。家に在庫ないからスーパー行こう。

（スーパー到着）えっと、この辺だよな……。あったあった（→購入）。

....

　こんなよくある日常生活の中に、本項で解説する重要な2つの概念が隠れています。まず、仕事が終わってお腹がすいたとき、脳内では数秒のうちに「晩ごはん何食べようかな」と膨大な選択肢の中から絞り込みが行われています。そして私は広告の刺激を受けたり検索したりすることなく、麻婆春雨を純粋想起しています。1年に365回しかない私の晩ごはん需要を、麻婆春雨がゲットした瞬間です。そして、私の場合、数十年にわたるテレビCMの出稿効果と、過去に食べたことがあり、おいしいことを知っている製品パフォーマンスの高さから（過去のCMで流れていた"あの軽快なサウンドロゴ"と共に）、「永谷園の麻婆春雨」一択で想起します。これがメンタルアベイラビリティです。

　思い出しても買わなければ食べられません。そこで私はスーパーに行き、店頭でお目当ての商品を見つけ、購入しています（→永谷園が売上を獲得した瞬間です）。「永谷園の麻婆春雨」をブランド計画購買※5するために最寄りのスーパーに行ったとしても、店頭に商品がなく、代わりに丸美屋とPB（プライベートブランド）の麻婆春雨しか置いていなかったら、私は「永谷園の麻婆春雨」を求め、隣のスーパーに向かうでしょうか。残念ながら、向かいません。「ま、今日はこれでいいか」と他ブランドを買ってしまいます。

　関与度の低い最寄品は、欲しくなったとき「すぐに（容易に）購入できるかどうか」が重要なのです。これがフィジカルアベイラビリティの重要性で

※5　店頭に行く前から購入する特定ブランドを決めている購買。入店前の特定ブランドの購入意向と、入店後に購入したブランドが一致している購買を指す。

す。永谷園の麻婆春雨は定番のロングセラー商品ですから、店頭の配荷率（ストアカバレッジ）は非常に高い状態が保たれています。このように、永谷園の麻婆春雨が強い理由は、**メンタルアベイラビリティ×フィジカルアベイラビリティの総和が大きい**からなのです。

　ただし、配荷（フィジカルアベイラビリティ）の重要性は各社が数十年前から認識しており、チェーンストアへの営業活動を強化しているため、そこで競合との差をつけることは容易ではありません。だからブランド計画（指名）購買や店内での非計画購買時における想起購買を高めるためのメンタルアベイラビリティが重要なのです。

　世界に冠たるマーケティング企業として有名なP&Gが重視する指標に、**「Evoked Set」（エボークトセット：想起集合）** があります。想起集合とは、「何かを買おう」「何かをしよう」「どこかへ行こう」などの意向が発生した際に、何も見聞きせずに頭の中に思い浮かぶ（純粋想起される）好意的な選択肢の集合体を指します。想起集合の中で最初に思い出してもらえるものが第一想起（Top of Mind Awareness）です。

　下記の通り、最初に思い出してもらえるブランドは圧倒的に有利です[6]。

- 確実に検討してもらえる（ブランド指名検索をしてもらえる）
- 最初に検討してもらえる
- 最寄品であれば、直感的または習慣的に買ってもらえる確率が一番高い
- 買回品や専門品であれば、検討後に買ってもらえる確率が一番高い
- リピート購入であれば、買い続けてもらえる確率が一番高い
- オンライン購入であれば、指名検索率や検討後購入率が一番高い

　そのため私は、**マーケティングコミュニケーションの究極のゴールは、第一想起ポジションを獲得すること、それが難しければ少なくとも想起集合に入ること**だと考えています。

---

[6]　Yahoo! Japanによれば、旅行検討層において「指名キーワード（＝ブランド指名）」で検索し始めたユーザー群のCVRは、「一般キーワード」で検索を始めたユーザー群の12倍だった（集計対象期間：2021年4月1日〜30日、旅行業界平均）。

私たちの脳の中には膨大な量の情報が格納されています。スーパーやコンビニやドラッグストアでの買い物であれ、新しい家電の買い替えであれ、一泊二日で行く自宅近くの温泉旅行であれ、必要に応じて情報が引っ張り出され、検討や意思決定に利用されます。これらの構造やプロセスを見事に示す枠組みがブランドカテゴライゼーションです。

　図5-5を見てください。ブランドカテゴライゼーションの枠組みは、ある製品カテゴリーに含まれるブランドの全体を、消費者の情報、意図、態度などによりいくつかの下位集合へと分類するものです。トーナメント戦のような構造で、すべてのブランドが左端からスタートし、右上に勝ち残ったブランドが「勝ち」です。順を追って見ていきましょう。

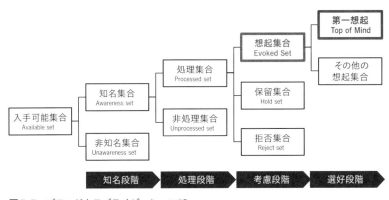

図5-5　ブランドカテゴライゼーション[7]

i. 知名段階：知名集合と非知名集合

　知っているか、知らないかです。

　クリニカ、G・U・M（ガム）、クリアクリーン、シュミテクト、デンターシステマ、ガードハロー、Ora2（オーラツー）、アパガード……。初耳のブランド名はまずないでしょう。これらのブランドは、あなたの脳内で「歯磨き粉」の知名集合に格納されているということです。

　聞いたこともない「知らない商品」より、「知っている商品」の方が有利

※7　J. E. Brisoux and E. J. Cheron (1980)

であることは間違いありません。

ii . 処理段階：処理集合と非処理集合

　よく知っているかどうか、です。商品やサービスの特徴をある程度理解していれば処理集合。聞いたことはあるけれど、詳しいことはよくわからない場合は非処理集合に分類されます。

iii . 考慮段階：想起集合、保留集合、拒否集合

　想起集合とは、ニーズが顕在化したときに脳内で純粋想起される好意的な選択肢の集合体です。学術的には7±2（5〜9）個入っていると言われるものの、当社トライバルメディアハウスが2022年に実施したEvoked Set（想起集合）調査では、全15の商品カテゴリーでそれぞれ1〜3ブランドほどしか入っていませんでした。買ってもらうためには、想起集合の上位3位以内に入ることが生命線となります。

　あなたは、ビール、缶チューハイ、チョコレート、アイスクリーム、ポテトチップス、食器用洗剤、洗濯用洗剤、柔軟剤、シャンプー、頭痛薬、胃腸薬、目薬、掃除機、ドライヤー、自動車、生命保険、自動車保険、住宅メーカーと聞いて、何（商品ブランドや企業名）を、何個思い浮かべますか？それがあなたの脳内にセットされている想起集合です。

　原理原則②で解説した通り、スーパー、コンビニ、ドラッグストアなどで購入する最寄品（一般消費財）はヒューリスティック処理による購入がなされるため、購入前に時間をかけた比較検討は行われません。そのため、何も考えずに習慣的に購入されるポジション（想起集合）に入っていることが生命線となります。

　一方、年に数回、数年に1回、もしくは一生に1回や2回しか購入されない買回品や専門品はシステマティック処理で購入されるため、購入前に丁寧かつ慎重な情報探索と比較検討が行われます。このとき、顧客が比較検討する選択肢の数は2〜3個が一般的です。つまり、想起集合に入っていなければ、検討すらしてもらえないということなのです。

　たとえ「認知」してもらえていたとしても、必要なとき（ニーズが顕在化したとき）に思い出してもらえなければ、検討ないし購入してもらうことはで

きません。また、想起→購入の確率は、想起の順ごとに落ちていきます（第一想起ブランドの購入率が最も高い）。これがマーケティングにおいて想起集合に入っていること、そしてできる限り上位で想起されることが重要な理由です。

　ちなみに、保留集合は想起集合の上位3位以内に入れなかった"惜しい"ブランド群で、拒否集合は、知っていて（知名集合）、ある程度特徴を理解した上で（処理集合）、「買いたくない」と思われてしまっているブランド群を指します。拒否集合に入ってしまう要因は、「以前買ったけれど期待外れだった」といった自身の購入経験や、「酷評を見聞きして悪いイメージを持っている」といったクチコミ、「なんとなく昔から悪いイメージを持っている」といったイメージなどがあります。一度拒否集合に入ってしまうと、敗者復活が難しくなるので注意しなければなりません。

iv．選好段階：第一想起、その他の想起集合

　第一想起は、想起集合の中で最初に思い出されるブランドです。以下の結果からも第一想起ブランドが強いことがわかります。

[商品カテゴリー別の第一想起ブランド] ※8
- ビール：スーパードライ（アサヒビール）
- 缶チューハイ：ほろよい（サントリー）
- チョコレート：キットカット（ネスレ）
- アイスクリーム：ハーゲンダッツ（ハーゲンダッツ・ジャパン）
- 衣類用洗濯洗剤：アタック（花王）
- 歯磨き粉：クリニカ（ライオン）
- 掃除機：ダイソン
- ドライヤー：パナソニック
- デジタル一眼レフカメラ：キヤノン
- クレジットカード：VISA

※8　トライバルメディアハウス Evoked Set 調査 2022

第一想起だからマーケットシェアが1位なのか、マーケットシェア1位だから第一想起されるのかという「鶏と卵」の関係で語られますが、両方とも正解です。多くの顧客が最初に想起するからたくさん売れ、多くの顧客に買われるから最初に想起されるのです。

では次に、想起集合または第一想起を獲るために重要となるプレファレンスの概念を説明しましょう。

原理原則 06 思い出してもらえるかどうかはプレファレンス次第である

お客様に買っていただくためには、真っ先に思い出してもらえるかどうか（第一想起、または想起集合に入っていること）が大事なことはわかった。じゃあ、どうやったら思い出してもらえる確率を上げられるのでしょうか？その答えが「プレファレンスを高めること」です。

プレファレンスとは、消費者がブランドに対して持つ相対的な好意度や選好性を指し、**価格、ブランド・エクイティ、製品パフォーマンスの3つによって形成**されます。

大ベストセラー『USJを劇的に変えた、たった1つの考え方』（KADOKAWA）の著者であり、USJのV字回復の仕掛け人として有名な株式会社刀 代表の森岡毅氏は、著書『確率思考の戦略論』（同）の中で、プレファレンスを下記のように解説しています（筆者意訳）。

- すべてのカテゴリー内（例：洗剤、インスタントコーヒー、自動車、シャンプー、紙おむつなど）におけるブランド間のシェアは、消費者のプレファレンスによってダイレクトに決まる
- 人は、それぞれの商品のプレファレンスに基づいた想起集合に合ったサイコロを持ち、そのカテゴリーの購買回数の分だけサイコロを振っている（サイコロの目が出れば買われ、出なければ買われない。サイコロの目が出る確率を上げたければプレファレンスを高めるほかない）
- マーケターが奪い合っているのは、消費者のプレファレンスそのものなのである

ペットボトル飲料を例に考えてみましょう。山田さん、鈴木さん、佐藤さんという3人がいて、それぞれ1ヶ月に10本を購入するとします。

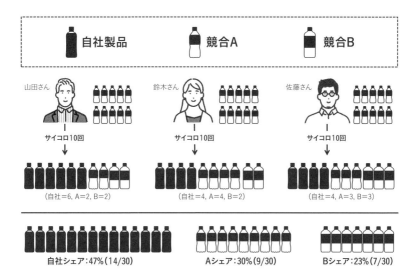

図5-6 プレファレンスはサイコロの目が出る確率[9]

山田さんは自社商品を6本、競合Aを2本、競合Bを2本購入し（自社商品購入率60%）、鈴木さんは自社商品を4本、競合Aを同じく4本、競合Bを2本購入し（自社商品購入率40%）、佐藤さんは自社商品を4本、競合Aを3本、競合Bを同じく3本購入（自社商品購入率40%）したとします。この場合の自社商品購入率が3人それぞれにおけるサイコロの目が出た確率、つまりプレファレンスです。

この例で言えば、3人×10本＝30本が市場における消費量（売れる本数の限界）を示し、トータルでは自社商品が30本中14本（47%）、競合Aが30本中9本（30%）、競合Bが30本中7本（23%）のシェアとなりました。大半の市場は超高度に成熟化しているため、誰かが獲ったら誰かが獲られる――結果が相対的なパワーバランスによって決まる――ゼロサムゲームです。この**「相対的に決まる競争優位の力」こそがプレファレンス**です。

※9　人物のイラストクレジット：iStock.com/emma

ここで再度、売上の地図_v3を見てください。

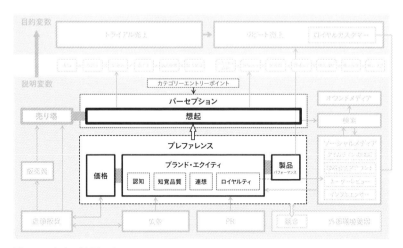

図5-7　売上の地図_v3

　売上には、数多くの要因（変数）が絡んでいます。売上の地図は、下段が説明変数（売上に影響を与えている原因）で、上段が目的変数（その原因を受けて発生した結果）を示しています。説明変数で大きいのは、原理原則⑤で解説したメンタルアベイラビリティ（思い出してもらいやすさ：想起）とフィジカルアベイラビリティ（買い求めやすさ：配荷率や売り場）の2つです。そして、その想起に強い影響を与えているのが、原理原則⑥のプレファレンスです。

　プレファレンスは、先に述べた通り、価格、ブランド・エクイティ、製品パフォーマンスの3つによって構成されています。プレファレンスは「相対的な好意度や選好性」ですから、他のブランドと比べて価格が高ければプレファレンスは下がります（高い方がプレファレンスが上がるラグジュアリーブランドもありますが、話が複雑になるため例外とします）。

　次にブランド・エクイティです。第2章の医療ミス⑤で紹介した通り、ブランド・エクイティが含む資産は、ブランド認知、知覚品質、ブランド連想、ブランドロイヤルティ、その他資産の5つによって構成されています。それぞれの意味は下記の通りです。

- **ブランド認知**：どの程度知られているか
- **知覚品質**：他の商品と比べたときに感じる品質や優位性
- **ブランド連想**：消費者が当該ブランドに関して連想する概念、言葉、色・画像・動画、音声や音楽、感情、イメージ、利用シーンなどのすべて
- **ブランドロイヤルティ**：顧客が当該ブランドに対して持つ愛顧度や忠誠心
- **その他資産**：知的所有権や独自技術など

　たとえばペットボトル入りのお茶の場合、各社の大規模なマーケティング活動によって、多くの顧客は主要な商品を知っており（認知）、どの商品もおいしい（知覚品質）ことを経験しています。となると、ブランド・エクイティにおける相対的な競争は、ブランド連想とロイヤルティが主戦場となります。

　ただし、ブランドロイヤルティを考える際は注意が必要です。ペットボトル入りのお茶カテゴリーは、価格が安く、購入頻度が高いため、購入の失敗によるリスクが大きくありません（失敗しても次に買わなければいいだけ）。そのため、他の商品カテゴリーと比べて関与度が低く、ほぼ検討されず習慣や直感で購入されます。

　また、一定のバラエティーシーキング行動[10]が取られるため、主飲ブランドはある程度固定されるものの、購入される商品はそのときの気分や一緒に食べるものとの相性によって一定の確率で変わります。そのため、ペットボトル入りのお茶におけるロイヤルティとは、「大ファン」「好きでたまらない」「絶対にこの商品じゃなきゃ嫌だ！」といった「強いファン性」をイメージするものではなく、「どうせ飲むなら○○がいい」という「Favorite（お気に入り）性」を示すものと理解してください。

　プレファレンスを構成する3つ目の要素は、製品パフォーマンスです。なぜ製品パフォーマンスが高いとプレファレンスが上がるのか。その理由は、**ダブルジョパディの法則**で説明ができます。これは、「マーケットシェアが

※10　商品やサービスを選ぶ際、特定のブランドだけでなく、いろいろなブランドを試してみたいという欲求や行動。

高いブランドは購買客数が多く、またこれらの購買客は行動的ロイヤルティも態度的ロイヤルティも高くなる」という法則です※11。この法則は、マーケットシェア1位のブランドは最も顧客が多く、買ってくれる確率（行動的ロイヤルティ）も、好意度や購入意向（態度的ロイヤルティ）も高いことを示しています。

　製品パフォーマンスは、商品を買ったことがある人しか評価することはできません（クチコミを見ることによって類推することはできますが、自身の評価ではありません）。シェアが高いということは、当該商品を買ったことがある顧客（トライアル顧客＋リピート顧客）の絶対数が他社よりも多いということであり、製品のパフォーマンスが高ければ「その商品が良い商品であることを実体験として知っている人が多い」ことを示します。これが、プレファレンスの3つの構成要素に製品パフォーマンスが入っている理由です。買ったことのない商品より、一度以上購入し、一定の満足をした経験を持った商品の方がプレファレンスが高くなるのは自明の理でしょう。

　ちなみに、製品パフォーマンスは、機能的ベネフィットが理性的に評価される商品カテゴリーで特に大きなプレファレンスを生みます。ペットボトル入りのお茶も機能的ベネフィットが理性的に評価されやすい特性を持ちますが、頭痛薬の場合は「どのくらい効いたか」「効くまでの時間」といった機能的ベネフィットが意識的かつダイレクトに評価されます。同様に、除菌剤（匂い消し）やシミ抜きの洗剤、虫除け、基礎化粧品などのような特定の問題解決を目的として購入されるものは、顧客が強い関与度で効能効果を待ち構えています。そのため、高い製品パフォーマンス評価を得ることができれば、プレファレンスを劇的に高めることができます。

　以上、ここまでプレファレンスが想起を高めることについて考察してきました。
　では、プレファレンスを高めるためにはどうしたらいいのでしょう。次の原理原則⑦で解説します。

※11　バイロン・シャープ『ブランディングの科学』（朝日新聞出版）

プレファレンスは同一パーセプション内の競争によって相対的に決まる

原理原則⑤⑥で解説した通り、プレファレンスが高まれば想起率が上がり（サイコロの目が出る確率が上がり）、想起率が上がればお客様に買ってもらえる確率が上がります（＝トライアル売上やリピート売上につながる）。

一方、この解説から抜け落ちている重要な事実があります。それが本項で解説する「**プレファレンスは同一パーセプション内の競争によって相対的に決まる**」という事実です。

ここで改めてパーセプションについて解説しておきましょう。パーセプションとは、顧客が商品やサービスに対して持つ認識です。認知は「知っているか、知らないか」の二択ですが、認識は「どのように理解されているか」ですから多様です。しかし、この多様であるはずのパーセプションも実は意外なほどに揃っている（多くの人が同じパーセプションを持っている）ことが珍しくありません。

思いつくまま列挙してみましょう。

- Made in Japan：品質が良く故障しない
- ファストフード：食べすぎると太る
- セブンプレミアム：少し価格が高いけれど、他の同社商品よりもおいしい
- JTC（Japanese Traditional Company：日本の伝統的企業）：保守的、意思決定が遅い
- 外資系企業：革新的、実力主義、スピードが早い
- マーケティング：売るための技術
- 資産形成：なんだかんだ言って現金（銀行預金）が一番安心
- 軽井沢：避暑地（涼しい）、別荘地、高級
- しらす丼：湘南名物

いかがでしょう。あなたも、だいたい同じパーセプションを持っているのではないでしょうか？

PRストラテジストの本田哲也氏は、著書『パーセプション』（日経BP）で「**PRのピラミッド**」を紹介しています。PRのピラミッドは、グローバルのPR業界を中心に提唱されたフレームワークで、世界最大級の広告賞「カンヌライオンズ」のPR部門の審査でも使われています。PRは3段のピラミッド構造となっており、下段がパブリシティ（認知）、中断がパーセプションチェンジ（認識変容）、上段がビヘイビアチェンジ（行動変容）で構成されています。

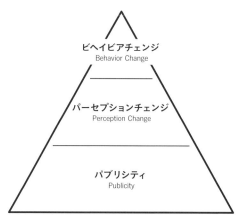

図5-8 PRのピラミッド[12]

パーセプションとは、多くの人が持っている共通の認識や理解であり、必ずしも事実を指しているものではありません。しかし、消費者や顧客は、社会や自身が持つパーセプションに基づいて物事を考え、意思決定をしています。つまり、**特定のビヘイビア（行動）は、特定のパーセプション（認識）によって起こる**ことを示しているのです。

ソロキャンプを例に考えてみましょう。

平均初婚年齢や未婚率の上昇によって一定の可処分所得と可処分時間を有するアラサー・アラフォー単身世帯が増加したことで、2000年代の中頃から「おひとりさま市場」が出現し始めました。広く知られるきっかけに

※12　本田哲也『パーセプション』（日経BP）

なったのは、2009年に放送されたTBSのテレビドラマ『おひとりさま（主演：観月ありさ）』でしょう。以降、「○○活」ブームの一角として「ソロ活」が組み込まれ、旅、食事、お酒、カラオケ、映画、登山など多方面で「ひとり消費」が広く一般化しました。そして第3次キャンプブームとも言われる昨今、ひとりでキャンプを楽しむソロキャンパーの存在も珍しいものではなくなりました[※13]。

しかし、「おひとりさま市場」の見える化と第3次キャンプブームの到来により、すぐにソロキャンパーが増加したかと言えばそうではありませんでした。なぜなら、多くの人は「キャンプ＝家族や友人グループとワイワイ楽しむもの」というパーセプション（認識）を持っていたからです。そのため「ひとりで楽しめるアウトドアな趣味を見つけたい（増やしたい）」というニーズが生まれたときに想起される選択肢の中にキャンプが入ってこなかったのです（➡CEP：カテゴリーエントリーポイントは、原理原則⑧で解説）。

想起される選択肢の中に入ることができれば、その中でプレファレンス（サイコロの目が出る確率）を高めて売上を獲得するチャンスを増やすことができますが、パーセプションが最適な状態になっていないと「プレファレンスを高める戦いの土俵にも上がれない」のです。

このように、パーセプション（チェンジ）には2つの力があります。1つ目は、「新たな土俵をつくり、戦う土俵を変える力」。2つ目は、「新しい市場の選択肢に入り込むことによって戦う土俵を増やす（自社製品が売れる市場を増やす）力」です。

「プレファレンスを高めれば想起率が上がって売上が増える」という論理は正しい一方で、「自社のパーセプションなき場所で、自社の目が入ったサイコロは振られない」のもまた事実なのです。

※13　ソロキャンプは、「おひとりさま消費」や「ソロ活」に代表されるトレンドの派生形で、2018年に始まったテレビアニメ『ゆるキャン△』（コミックは2015年11月出版）をきっかけに爆発的なブームに。

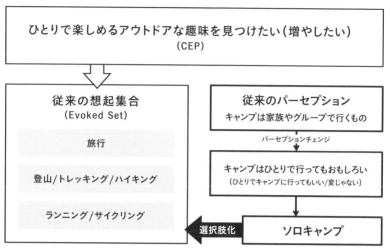

図5-9 想起はパーセプション内で行われる

原理原則 08 売上は想起集合に入っている カテゴリーエントリーポイントの数で決まる

　パーセプションによって「サイコロを振ってもらえるチャンス（シーン）」を増やすことができれば、自社商品の目が出る「回数」を増やすことができきます。この「どんなときにサイコロを振ってもらえるか？」の理解を助ける概念に「**カテゴリーエントリーポイント（CEP：Category Entry Point）**」があります。カテゴリーエントリーポイントとは、誰かが何かを食べよう、飲もう、行こう、買おうと思ったときに想起される入口（の数）を指します。

　たとえば、私の住む鎌倉は、休日ともなると中心街から山沿いの裏道に至るまで国内外からの観光客でごった返します。では、観光地として不動の人気を獲得し続ける鎌倉は、なぜそんなにも多くの人を惹きつけるのでしょうか。カテゴリーエントリーポイントの視点で見てみると、一目瞭然です。

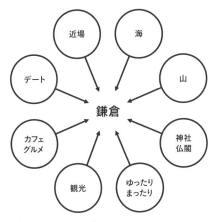

図 5-10　鎌倉のカテゴリーエントリーポイント

　図5-10において周辺を囲んでいるものがカテゴリーエントリーポイント、つまり、想起の入口です。鎌倉は、「今週末、デート（または家族で）でどこか（少しだけ非日常な）近場に遊びに行きたいな」「自然豊かなところに行ってカフェとかでゆっくりまったりしたい」「浴衣を着て神社でインスタ映えする写真を撮りたい」「久々に海が見たい」などのニーズが生まれたとき、「鎌倉かな」と想起される傾向があります。<u>**鎌倉は、この「想起される入口の数」が多い**</u>のです。

　鎌倉の周辺（東京、神奈川、千葉、埼玉）に住む生産年齢人口（15〜64歳）が2,200万人いて、その週末の①近場デート、②近場家族観光、③カフェでまったり、④浴衣を着て神社仏閣巡り、⑤海が見たい、それぞれのニーズ出現率が0.05％（1万人に5人）（2,200万人×0.05％×5CEP＝5万5,000人）、それぞれのサイコロで鎌倉の目が出る確率が30％だった場合、1万6,500人の観光客が鎌倉を訪れることになります（1組2人の場合、数は倍になります）[14]。

　私たちは、何か（たとえば週末の行き先）を決める際、何かしらのカテゴリーから入り、次にその中の選択肢を比較検討し、ひとつに決定します。サ

---

[14]　コロナ禍前の2018年（平成30年）における鎌倉の年間観光客数はおよそ2,000万人（1日あたり約5万5,000人）。

イコロの目が出る「確率」はカテゴリーエントリーポイントごとに異なりますが、入口（≒CEPの多様さや数の多さ）は多ければ多いほどサイコロの目が出る「回数」を増やすことができます。強いブランドは多くの入口を持ち、かつそれぞれの入口で一定のプレファレンスを獲得しているため**サイコロの目が出る「回数」が多い**のです。

　昨今の競争は、同業種・同業態の中で起こっているのではなく、異業種・異業態間で起こっています。前述の「楽しい週末を過ごしたい」というカテゴリーエントリーポイントには鎌倉などの観光地のほか、動物園やテーマパーク、商業施設での買い物、カフェ巡りやカラオケなどをはじめ、テレビ、漫画、ゲーム、SNS、YouTube、NetflixやHuluやAmazon Primeなどの選択肢も入ってきます。

　同様に「手軽にランチを済ませたい」というカテゴリーエントリーポイントも、コンビニ、ファストフード、外食チェーン、ラーメン店、立ち食い蕎麦、ファミレス、お弁当屋さんなどの異業態が奪い合っています。

　「真の競合は、もはや同業種・同業態の中には存在しない」とは言い過ぎかもしれませんが、同業界内の競争だけでなく、自社にとって重要な顧客のカテゴリーエントリーポイントの数を増やす、そこの想起集合に入る、第一想起を獲るという視点は、新しい発見を与えてくれるはずです。

　ここで、ポカリスエット（大塚製薬）と、アクエリアス（日本コカ・コーラ）について見てみましょう。私が中学生だった1980年代は、どちらの商品もスポーツや部活の後に飲む「スポーツドリンク」というパーセプションが大勢でした。しかし、大塚製薬が発売当時から数十年にわたって継続している中長期的なブランドコミュニケーションによって、ポカリスエットのカテゴリーエントリーポイントは図5-11のように大きく拡大しています。

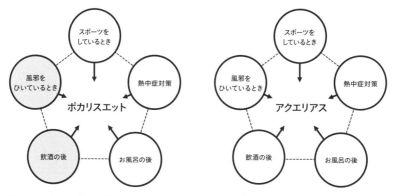

図5-11 CEPに見るポカリスエットとアクエリアスの違い

　かつてポカリスエットはアクエリアス同様、スポーツドリンクというパーセプションしか持たれていなかったため、スポーツや部活動時にしかサイコロは振られませんでした。しかし大塚製薬の継続的なマーケティングコミュニケーションによって、スポーツ時だけでなく、「お風呂でも発汗している」「寝ている間も発汗している」「発熱時にも発汗している」「飲酒時は水分不足となり、脱水状態が進む」など、商品発売時から科学的根拠に基づき訴求していた生活課題の消費者理解を進め、「スポーツ後だけでなく、お風呂後も就寝前後も発熱時も飲酒後も体の水分が足りていない」→「ポカリスエットを飲んだ方がいい」というパーセプションを浸透させることに成功しました。

　もちろん、アクエリアスにも同様のパーセプションがありますが、ポカリスエットが特に強いのが「健康な状態を取り戻したいときに飲む」というCEPにおける想起が強いことです。

　同社の取り組みはこれだけではありません。上記に関わるカテゴリーエントリーポイントの拡大は機能的ベネフィットを訴求するアプローチですが、同社はこれらの活動に加え、音楽×ダンス×高校生を主軸としたテレビCMやデジタルマーケティングコミュニケーションに力を入れることで、若年層における「青春」というブランド連想を計画的に構築しました。中学・高校・大学生活時において「喉の渇き」を感じた際、ポカリスエットが持つ「青春」のブランド連想は、スポーツドリンク購入時におけるプレファレンスを高める一助になっています。

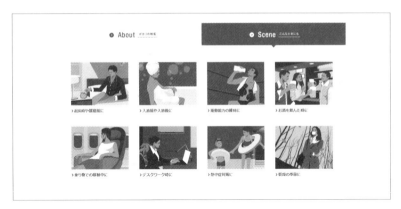

図5-12　ポカリスエット公式サイト

ここまでの話を、ポカリスエットを例にまとめましょう。

- **一番売れている商品は真っ先に思い出される商品である**（原理原則⑤）
  ポカリスエットは、スポーツドリンクにおける第一想起、または第二想起ブランドである。
- **思い出してもらえるかどうかはプレファレンス次第である**（原理原則⑥）
  スポーツドリンクにおけるプレファレンスはポカリスエットとアクエリアスの二強が拮抗しており、どちらのサイコロも高い確率で目が出る状態である。
- **プレファレンスは同一パーセプション内の競争によって相対的に決まる**（原理原則⑦）
  大塚製薬は「ポカリスエット＝スポーツドリンク」というパーセプションから、発売以降数十年かけて「ポカリスエット＝発汗により失われた水分、イオン（電解質）をスムーズに補給するための健康飲料」へと正しい認識を浸透させることに成功した。
- **売上は想起集合に入っているカテゴリーエントリーポイントの数で決まる**（原理原則⑧）
  ポカリスエットは「スポーツのときに飲む」というCEPだけでなく、「健康な状態を取り戻したいとき」「お風呂前後」「就寝前後」に飲むというCEPへと正しくエントリーすることに成功した。

それぞれのCEPにて高いプレファレンスを獲得できた理由は、誰もが知っていて（高い認知率）、「ポカリスエット＝信頼できる良い商品」という知覚品質があり、CEPと一致したブランド連想を持ち、高い製品パフォーマンスや「青春」のイメージによる「どうせ飲むならポカリがいい」というブランドロイヤルティを獲得できたからです。

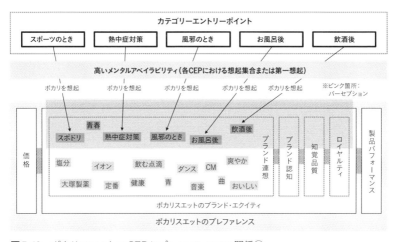

図5-13　ポカリスエットのCEPとプレファレンスの関係①

　企業は自社製品の売上を考える際、自社を主語（例：何ケース売れるか？）として考えてしまいがちです。しかし、売上は「お客様の購入」によって生まれ、その購入は「あなたの企業や商品が属している業界や競合」に関係なく、顧客の脳内で生まれるCEPごとに行われています。

　従来、「風邪をひいたときの飲み物（CEP）」における想起集合は、水、緑茶、生姜湯などが一般的でした。そこにポカリスエットが（パーセプションの拡張によって）入り込み、同CEP内でプレファレンスを高めることによって、「風邪をひいたときに飲まれる飲料市場」においても一定の売上を獲得することにつなげたのです。

　プレファレンスを高める順番には2段階あります。第1段階は、主要ターゲット市場におけるサイコロで自社製品の目が出る確率を高めること。次にCEPを広げ、それぞれのCEP内でもサイコロの目が出る確率を上げていくことです。

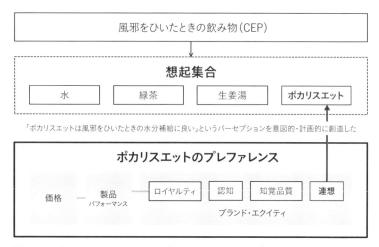

図5-14　ポカリスエットのCEPとプレファレンスの関係②

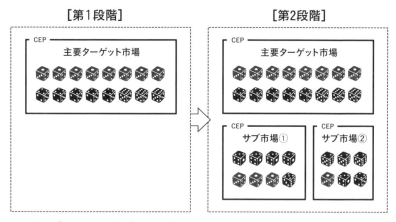

図5-15　プレファレンスを高める順番

　ただし、戦略とは競争相手と戦い、勝利するための全体的な資源配分を決めることですから、闇雲にCEPを広げ、資源を分散することは推奨できません。まず主要ターゲット市場で一定のプレファレンスを獲得し、順に関連CEPへ広げてください。

　以上、ここまで売上は想起次第、想起はプレファレンス次第、プレファレンスは同一パーセプション内の競争によって相対的に決まる、売上は想

起集合に入っているCEPの数で決まる、ということを解説しました。次は最後の原理原則です。

原理原則 09 お客様は4回評価をしている

　顧客は、商品を4回評価しています。

　1回目は、お店に行く前やECサイトにアクセスする前に行われる評価です。実はここで「どの商品を買うか」、およその選択肢化と意思決定がされています。タイミングは購入の数日前から長い場合は数年におよびます。1回目の評価でいかに有利なポジションを獲得するかでマーケティングの勝敗が大きく変わる重要な評価です。

　2回目は、購入の直前に店頭やECサイトへアクセスしたときに行われる「買うか、買わないか」の評価です。スーパーやコンビニ、ドラッグストアなどで購入する最寄品なら数秒で評価されますし、家電や自動車などの買回品や専門品なら、量販店やEC、ディーラーなどで購入前の最終評価が行われます。

　ここまでが「購入前の評価」で、トライアル購入に影響を与えます。

　3回目は、購入後に商品を使用したときに行われる「買ってよかった」または「買わなければよかった」の評価で、製品パフォーマンスに対して下される評価です。

　4回目は、商品を使うたびに感じる総合的なブランド体験の評価です。「良い商品だから次もまた買おう」という3回目の評価を超えた、「使うたびに幸せを感じる」「使えば使うほど愛着がわいてきた」といった愛着やロイヤルティにつながる評価を指します。

　3回目と4回目は「購入後の評価」で、リピート購入と他者への推奨行動に影響を与えます。

　ちなみに、原理原則①で述べた通り、機能的ベネフィットは「使用したとき」に「点」として評価される傾向があるのに対し、情緒的ベネフィットと自己実現ベネフィットは「使い続けている生活や人生」の中で「線」として評価される傾向があります。

173

真実の瞬間

　これらのことをより深く理解するために有用な概念として「真実の瞬間（MOT：Moment of Truth）」があります。この概念が生まれた背景と発展の歴史を理解すると、後述する「商品カテゴリーごとに異なるマーケティング戦略の組み立て方」の解像度が格段に上がるため、しっかりと理解してください。

段階	概要	タイミングと期間	特性	MOT
1回目	• 想起集合の形成 • 選択肢の想起 • クチコミによる検討	• 購入前 • 数日～数年	線	ZMOT
2回目	購入直前における「買う」か「買わないか」の評価	• 購入の直前	点	FMOT
3回目	購入後における「買ってよかった」か「買わなければよかった」かの評価	• 購入後 • 数秒～数日	点	SMOT
4回目	継続的なブランド体験の評価	• 購入後 • 商品を利用している間ずっと	線	TMOT

図5-16　4回の評価とMOT

　「真実の瞬間」とは、スカンジナビア航空のCEO（当時）ヤング・カールソン氏による著書『真実の瞬間』（ダイヤモンド社）の中で紹介された「消費行動における重要な顧客接点（とその瞬間）」を指す概念です。

　1980年代に2期連続の赤字に苦しんだ同社は、同CEOを招き入れ経営の立て直しを図りました。顧客満足度を向上させるために年間1,000万人の利用客を様々な視点から分析した結果、「1人の旅客は、1回の搭乗で、平均5人の乗務員と1回あたり15秒の接点を持っている」という事実が明らかになり、その体験が良ければ顧客はリピートするし、悪ければリピートしないというKSF（Key Success Factor）を突き止めました。これが「真実の瞬間」です。

　その後、2004年にP&Gが顧客は店頭（棚の前）に立った瞬間の3～7秒で商品を「買うか買わないか」を決め、自宅で商品を使った際に「もう一

度買うか、もう買わないか」を決めているという調査結果を発表しました。このとき提唱されたのが、店頭での顧客接点＝FMOT（First Moment of Truth）と商品使用時の顧客接点＝SMOT（Second Moment of Truth）です。

　さらにその後、2010年にGoogleが、「顧客は店頭に立つ前にネットで検索をして他者の商品レビューを閲覧し、どの商品を買うか、だいたいの検討を済ませている（≒店頭に立ったときにはすでに勝負がついている）」と提起しました。これがFirstの前のZero Point、つまりZMOT（Zero Moment of Truth）です。

　FMOT+SMOTからZMOTに拡張したこの概念（真実の瞬間）は、さらにその後「顧客のリピート購入を促進するためには、商品使用時の満足度（SMOT）"だけでなく"繰り返し商品を購入したり使用したりする中で愛着が生まれ、ロイヤル顧客として定着してもらう必要がある」としてTMOT（Third Moment of Truth）が追加され、「消費者は4回評価する」モデルとして完成しました。

抽象化した概念をつなげて＜面＞にする

　ここまで、マーケティング全体（面）の前提を示す9つの原理原則を見てきました。これらは、それぞれの領域の具体を抽象化した概念やフレームです。

　概念やフレームを用いることによって、具体として起こっていることの本質や法則がわかり「なるほど！　そういうことだったのか！」と、過去の知識や経験が「つながった」のではないでしょうか。しかし、あなたの頭の中では、まだこれらの原理原則が相互に接続されておらず、別々の場所に置かれてしまっている可能性が高いと思われます。

　これらを実務の現場で使える状態にするためには、「それぞれの領域で抽象化された概念やフレーム」が「抽象化された全体の構造」の中でつながっている必要があります。なぜなら、「個別抽象」が「全体抽象」とつながっていないと、現場業務でのカスタマイズやチューニングができないからです。

	内容	理解を助ける抽象概念やフレーム
原理原則①	売上には「トライアル売上」と「リピート売上」の2つしかない	• それぞれの方程式 • C/Pバランス理論 • ベネフィットの3分類
原理原則②	最寄品と買回品・専門品は「買われ方」がまったく違う	• 商品カテゴリーマトリクス
原理原則③	顧客には「いますぐ客」と「そのうち客」がいる	• 「いますぐ客」と「そのうち客」
原理原則④	薬の効能効果は相対的なものである	• マーケティングコミュニケーションのファネルマップ
原理原則⑤	一番売れている商品は真っ先に思い出される商品である	• 想起集合と第一想起 • ブランドカテゴライゼーション
原理原則⑥	思い出してもらえるかどうかはプレファレンス次第である	• 想起とプレファレンスの関係
原理原則⑦	プレファレンスは同一パーセプション内の競争によって相対的に決まる	• プレファレンスとパーセプションの関係 • PRのピラミッド
原理原則⑧	売上は想起集合に入っているカテゴリーエントリーポイントの数で決まる	• カテゴリーエントリーポイント
原理原則⑨	お客様は4回評価をしている	• 真実の瞬間（ZMOT-TMOT）

図5-17 原理原則の整理表

　そもそも抽象化された概念やフレームは、具体の中に存在する本質を抽出し、パターンや法則性を見出すことによって、シンプルなのに、多くのことを短い言葉やひとつの図で説明できる状態にしたものです。上手に抽象化されたフレームは、多くの具体を説明せずとも「AもBもCも、つまりこういうことです」と一発で説明することを助けてくれます。

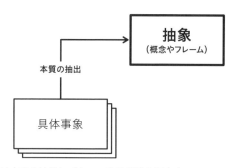

図5-18 抽象化は本質を抽出しパターンや法則性を見出すこと

　一方、「そんな教科書的な戦略フレームなんて現場では使えねえよ！」などと言われることも少なくありません。事実、マーケティングの現場では数多くの理論やフレームが用いられていますが、うまくハマっているものは少ないように感じます。

　しかしその最大の理由は、借りてきた服をそのまま着ているからなのです。サイズが大きすぎる、または小さすぎる。袖が長すぎる、丈が短すぎる。夏なのに長袖、冬なのに半袖。重ね着が変。上着とパンツのコーディネートがバラバラ。そもそも、自分にまったく似合っていない。ファッションのトレンドが大きく変わっているのに、10年前の服が好きでずっと着続けているなんてこともあります。

　これらは、服が悪いのではありません。自身のキャラクターや雰囲気に合わせて、体型に合った服を、季節や環境変化に応じて着ることができないカスタマイズやチューニングに問題があるのです。

　概念やフレームも同じです。商品カテゴリー、顧客の購買特性、商品力（製品パフォーマンス）、価格競争力、配荷力、投下できる広告宣伝費、ブランド力、顧客基盤、マーケットシェア（市場ポジション）、競合状況、経済状況などによって、**「自社が抱えるマーケティング課題」は他社の課題とはまったく違います。それにもかかわらず、借りてきた概念やフレームをそのまま自社に当てはめて戦略をつくってしまう。**そんなやり方で「自社にフィットした戦略」がつくれるはずがありません。

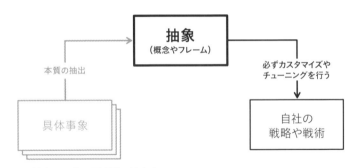

図5-19 抽象を具体に戻す際の注意点

　洋服なら自身に合った既製品をうまく選択して着こなせばそれなりに
フィットさせることはできますが、戦略はフルオーダーで完全カスタマイ
ズしたものでなければなりません。抽象化した概念やフレームは、自社の
マーケティング課題を手早く、かつ正しく抽出する際や、戦略を策定する
際の指針や定石を示してくれます。しかしそれはあくまで「考える枠組み」
であり「枠組みに当てはめれば答えが出る」ものではありません。**抽象化**
によって具体から本質だけを抽出してつくられた概念やフレームから新た
な具体を導き出す際は、必ず自社の状況に合わせてカスタマイズする必要
があることを絶対に忘れないでください。

抽象化したフレームをつなげて＜面＞にする

　しかし、言うは易く行うは難し。このカスタマイズができないのです。理
由は、抽象化されたフレーム同士がつながっていないからです。

　原理原則で学んだ通り、最寄品と買回品・専門品のマーケティングは違
います。トライアル売上を増やす方法とリピート売上を増やす方法も違い
ます。それはわかった。しかし、それはつまりどういうことなの？　何が重
要で、何が重要じゃないの？　何が効き、何は効かないの？　結局、自社
は何をしたらいいの？　それがわからないのです。

　そんな状況から抜け出してもらうため、次章からはいままでで学んだ抽
象化されたフレームを「面」にする作業を行います。抽象化されたそれぞ
れの「点」を「線」としてつなげ、さらにそれら「複数の線」が構造的に
接続された「面」になったとき、あなたのマーケティング脳は間違いなく次

の段階に進みます。いままで見ているようで見えていなかったものが解像度高く見えるようになり、「なるほど！　そういうことだったのか！」が増え、抽象化されたフレームを使って、自社の状況に最適化したカスタマイズができるようになります。

　ただ、数多くの概念やフレームをすべてつなげて大きな面を描くには、相応の時間と経験の蓄積が必要です。そのため、次章では購入に至るまでのルートを以下2×2＝4つに分け、具体的な買い物シーンに抽象化した解説を加える形式でそれぞれの違いについて理解を深めていただきます。

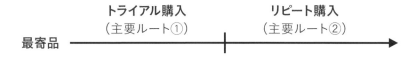

図5-20　4つの主要ルート

- 主要ルート①最寄品のトライアル購入促進
- 主要ルート②最寄品のリピート購入促進
- 主要ルート③買回品・専門品のトライアル購入促進
- 主要ルート④買回品・専門品のリピート購入促進

　もちろん、マーケティングの現場ではこれよりさらに詳細なカスタマイズを行う必要がありますが、まずはこの4つの違いをざっくり理解しておけば、現場業務で自社の状況に即した「具体」に落とす際、大きく外すことは避けられるでしょう。次章では、この4つの主要ルートについて見ていきます。

購入に至る4つの主要ルートで
<面と線>をつなげる

　　ここからいよいよ<面→線>を理解する総仕上げを行いますが、その前にひとつだけ注意点をお伝えします。次項から「抽象と抽象」を接続するために、さらに抽象度の高い解説が出てきます。しかし、どんな抽象的な解説も、結局はすべて人間の買い物に関することであることを忘れないでください。

マーケティングに必要なのはリアリティ

　　大ベストセラー『ドリルを売るには穴を売れ』（青春出版社）の著者である佐藤義典氏は、「あなたが『買う』ときに、その逆には『売る人』がいる。あなたが何かを買うときには、売り手にとってのマーケティングが起きているのだ。だから、あなたが『買う』ことが、誰かにとってのマーケティングの重要な一部になる。あなたの買い物そのものがマーケティングであり、それは会議室で起きているのではなく、あなたの日常で起きているのだ！」と喝破しています。

　　理論やフレームは使いこなせるようになると便利です。しかしそれらはあくまで「生身の人間が買い物をする際の思考や行動（売り手から見れば生身の人間に買ってもらうために行う思考や行動）」を法則化したものに過ぎません。**理論に振り回されて現実味のある戦略やプランが描けない人に足りないのは「リアリティ」**です。佐藤氏が言う通り、マーケティングはもっと身近なものです。理論やフレームは、人間の営みを科学し、再現可能性を高

める手助けをしてくれるものであって、使うことそのものが重要なのではありません。

そこを踏まえ、4つの主要ルートをひとつずつ見ていきましょう！

ルート①
最寄品におけるトライアル購入までの流れ

私の実生活を例に考えてみましょう。

（生活シーン）「冷蔵庫にビールがない。いつもAmazonで箱買いしているビールを注文するのを忘れていた。仕方がないからコンビニに行こう」

（コンビニ到着）「いつものビールはさっきAmazonで注文を済ませたから明日か明後日には着くだろう。とりあえずいつものビールを2本買っておくか。お、このビールは最近CMでやっているやつだな。どれ、試しに1本買って飲んでみるか」

こんなよくある日常生活の中に、前章で解説してきたすべての原理原則が詰まっています。9つの原理原則を「面」と「線」で理解するため、売上の地図（最寄品のトライアル購入版）を用いて解説しましょう。

商品カテゴリーとトライアル購入特性

ビールは最寄品ですから、買う前に積極的な情報探索や比較検討はせず、直感的なヒューリスティック処理で購入の意思決定が行われます。買う前に検索はしませんし、ブランドサイトも見に行きません。

フィジカルアベイラビリティ（売り場）

コンビニに配荷されており、かつ目立つ位置にフェイスが取れていたからこそ、店頭での再想起と購入につながっています。

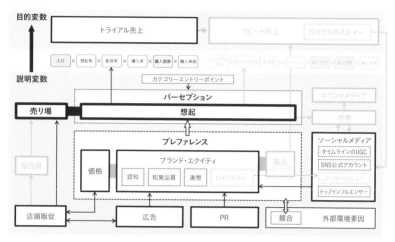

図6-1 最寄品のトライアル購入における売上の地図

プレファレンスと想起

　私はいつも同じビールをAmazonで箱買いしているため、主飲ブランドはある程度固定化されています。しかし、冷蔵庫の在庫がないときはスーパーやコンビニで買い足しを行い、その際は一定のバラエティーシーキング行動を取ります。今回は、テレビCMでの認知と店頭での再想起がきっかけで新商品を購入しています。本ケースではテレビCMが認知経路になっていますが、パブリシティ（ニュース）や友人や知人のSNS投稿、またはインフルエンサーの投稿を見たことなどでも同様の効果が出ることがあります。

　価格はいつも買っているビールや競合商品とほぼ同額ですし、製品パフォーマンス（の推定）も「大手ビールメーカーのビールなんだからおいしいに決まっている」という知覚品質があるため、零コンマ数秒の購入意思決定において障害にはなりません。テレビCMで表現されていた「夏祭りや海辺でタレントがおいしそうにビールを飲む開放感のあるイメージ（＝情緒的ベネフィット）」が連想され、なんとなくそんな気分になりたいと思い、手が伸びたのかもしれません。ホップや鮮度などの情報（＝機能的ベネフィット）は、どの商品も同じと認識し、ほとんど意識していません。

最寄品における「初めての購入（＝トライアル購入）」は、大半が他社商品からのブランドスイッチで起こります。そしてそれは現在使っている商品への不満足、店頭における価格の刺激、広告・パブリシティ・SNSなどによるプレファレンス向上などによって不定期に起こります。あなたが担当している商品のマーケットシェアにもよりますが、もし市場における競争力がさほど高くない場合、サイコロが振られる総回数のうち「自社商品の目が"たまに"出る確率を上げる意識」を持ってください。

　プレファレンスは商品カテゴリーや同一CEP内における相対的な力関係によって決まるため、経営資源が少ない中小・中堅ブランドの場合、そう簡単にサイコロ競争で勝つことはできません。しかし、広告予算がないのなら、パブリシティとSNSの力を最大限活用するなどしてプレファレンスを高め、サイコロの目が「たまに出る」ようにする。それが中小・中堅ブランドにおけるプレファレンスの正しい捉え方です。

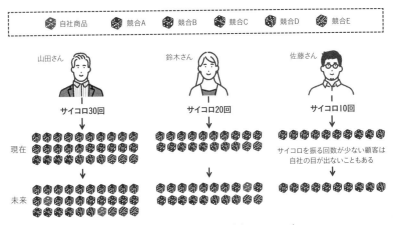

図6-2　中小・中堅ブランドでサイコロの目が出る確率のイメージ

パーセプションとカテゴリーエントリーポイント

　本ケースでは、パーセプションやカテゴリーエントリーポイントは関係していません。ここが注意点です。理論やフレームは「すべてのケースで適用可能」または「適用すべき」ものではありません。真新しい理論やフ

レームを学ぶと実務でもそれを使いたくなり、「使わなくてもいいときに無理やり使ってしまう」ケースが続出します（その結果、だいたい病気をこじらせます）。理論やフレームは使うべきときに使えばいいのであり、知っているものをすべて使って考える行為は手段の目的化であり、逆に本筋を大きく見誤るため注意が必要です。

真実の瞬間

　私がコンビニで新商品を購入したのは、テレビCMで商品を認知し、一定の興味が喚起されていたからです。このZMOTがあったから、FMOTで手が伸び、商品を購入したのです。最寄品はFMOTが主戦場ですが、その前段階のZMOTがFMOTの戦いを有利にし、サイコロの目が出る確率を上げたのです。

ファネルマップ（トライアル購入／リピート購入共通）

　最後にマーケティングコミュニケーションのファネルマップを確認しておきましょう。最寄品は、ニーズが常にON（「そのうち客」はほとんどおらず、大半の顧客が「いますぐ客」のため潜在顧客へのアプローチは優先順位が低くなります。そのため、ファネルの入口は他社の商品を使用している顧客のブランドスイッチを促すための認知獲得、興味喚起が重要事項となります。全国津々浦々、今日もどこかで大量に振られているサイコロで、自社の目が出る確率を上げるための作業とも言えるでしょう。

　もうひとつ、買回品・専門品におけるファネルとの大きな違いは、ヒューリスティック処理で購入されるため、深い商品理解と比較検討段階がほぼ存在していないことです。そのため、検索広告、検索経由で訪れるブランドサイトの優先順位は低くなります。購入前に他者のレビューを見ることも少ないため、レビュー型UGCもさほど影響を与えません。

　最寄品は価格が安いため、多くの顧客（一般的に数十万人から数千万人）に購入してもらう必要があります。そのため、リーチを広げるためのマス広告、交通広告、動画広告、バズキャンペーン、パブリシティ、集客力の高い商業施設などでのイベント、SNS広告、タイムラインでのUGCなども認知や興味喚起に貢献します。また、それらスポットでの施策以外にSNS公

式アカウントでロングエンゲージメントを獲得し続け、FMOTでの想起率を高めることも有効です。ただ、最寄品の場合は先に述べた通り多くの顧客数が必要なため、ファンやフォロワー数は数十万人から数百万人規模まで拡大する必要があります。

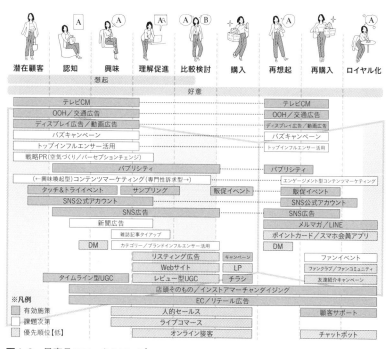

図6-3 最寄品のファネルマップ

[**大手4社のX（旧Twitter）フォロワー数**]（2023年12月時点）※1

- アサヒビール　192万
- キリンビール　166万
- サントリー　225万（ザ・プレミアム・モルツは69万）
- サッポロビール　71万

※1　サントリーのアカウントはお酒だけでなく、お茶などのソフトドリンクも統合されたアカウントのため単純比較はできない。

- オリオンビール　28万
- よなよなエール／ヤッホーブルーイング公式　13万

　このように、効果のある（実行すべき）マーケティングコミュニケーション施策は、商品カテゴリーと各社のマーケティング課題によってカスタマイズが必要です。

誤解しがちなこと

　もちろん、現実は本ケースほど単純ではありません。こんなにうまくいかないからこそ、あれこれ考え、様々な策を講じるのです。しかし、だからこそ声を大にして言わせていただきます。「だとしても、最寄品におけるトライアル購入は、これがオーソドックスな本流」なのです。多くのマーケターは物事を複雑に考えすぎです。皆さんがスーパーやコンビニでほとんど何も考えずに買い物をするように、大半の顧客もほとんど何も考えずに買い物をしています。マーケティングコミュニケーションやデジタルマーケティングには様々な手法や施策があり、「次は何をすべきか？」と迷ってしまうかもしれません。しかし、そんなときこそ、絶対に外してはならない本流に立ち返り、まずは基本がしっかりできているのか冷静に振り返ってください。**突破口は「新しい手法」ではなく「基本に立ち返り、本流を完璧に近づける」ことにあるかもしれない**のです。

```
ルート②
最寄品におけるリピート購入の流れ
```

　引き続きビールを例に考えてみます。

　（生活シーン）冷蔵庫にある（いつもの）ビールの在庫が少なくなってきたため、Amazonの「注文履歴＞再び購入」から1ケース発注した。

まったくおもしろくない事例になってしまいました。しかし、これが最寄品におけるリピート購入の真実なのではないでしょうか。

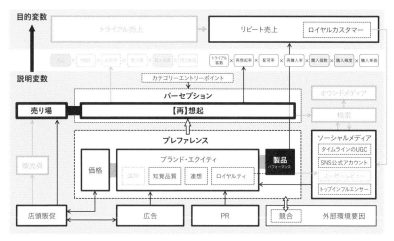

図6-4　最寄品のリピート購入における売上の地図

商品カテゴリーとリピート購入特性

　リピート購入は、当然ながらすでに認知していて、トライアル購入した経験があり、一定の商品満足度を持っている商品を再び購入する行為です。一度以上商品を購入し、満足しているわけですから、トライアル購入時よりもさらにヒューリスティック処理で購入されます。そのため「まあよかった」「特段問題がなかった」商品は、ほぼ無意識かつ習慣的に継続購入のサイクルに入る可能性が高くなります。

パフォーマンス評価がすべて

　売上の地図にもある通り、リピート購入は商品のパフォーマンス評価がすべてです。商品に満足していればリピートし、不満足ならリピートしません。リピート購入においてマーケティングコミュニケーションが介在することでできる領域は驚くほど小さいのです。

フィジカルアベイラビリティと真実の瞬間

　当然ですが、リピート購入においても配荷力は重要です。皆さんも、いつものコンビニでリピート購入している商品がある日突然なくなり、買うことができなくなった経験はありませんか？　期間限定の商品なら諦めもつきますが、お気に入りの定番商品がなくなると「えっ！　ない……！　なぜだ……」と残念な気持ちになりますよね（他社はブランドスイッチのチャンスですが）。継続的に買いたいと思ってくれている顧客が、継続的に買い続けることのできる配荷の維持は、最寄品におけるマーケティングの最重要事項と言えます。

　一方、**リピート購入におけるフィジカルアベイラビリティで意識しておきたいのはECの存在**です。経済産業省「令和４年度デジタル取引環境整備事業（電子商取引に関する市場調査）」によれば、2022年におけるEC化率は「書籍、映像・音楽ソフト」が約52%でトップ、続いて「生活家電、AV機器、PCや周辺機器」が約42%、「生活雑貨、家具、インテリア」が約30%と続きます。化粧品や医薬品は約8%、食品、飲料、酒類は約4%と、まだまだ近くのお店で買う習慣が根強いですが、リピート購入は徐々にEC化が進展すると見ています。

　私も、ビール、ノンアルコールビール、炭酸水、パスタ、コーヒー豆、のど飴、ガム（ボトル）、ウコンやアミノ酸、ウェットティッシュ、衣類用洗濯洗剤、食器用洗剤、プリンターのインク、コピー用紙、電池、BBQ用の着火剤や炭、トイレ用消臭剤、虫除けなどのリピート購入はすべてAmazonで済ませてしまいます。理由は、すぐに欲しい、お店に行くのが面倒、お店で探すのが面倒、重くて運ぶのが面倒などです。これらは、「その商品が満足のいくベネフィットを提供してくれることを知っている」ことに立脚しています。

　関与度の低い最寄品のFMOT（トライアル購入）はヒューリスティック処理で行われますが、同様にSMOTも（機能的ベネフィットの効きを強い関与で待ち構える医薬品などを除き）「うん、こんなものだよな」とヒューリスティックに行われます。このように、SMOTに満足しており、わざわざ何度もFMOTを繰り返す必要がない（大切な可処分時間を割り当てる優先順位が低い）

最寄品のリピート購入は、半自動化された継続購入サイクルに入りやすい特徴を持ちます。

しかしこれらの商品も、トライアル購入のFMOTはほとんどが店頭でした。関与度の低い最寄品のトライアル購入は、「一定の関与で能動的に検索しなければならないEC」と相性があまり良くありません。そういった意味で、トライアル購入におけるFMOTは、店頭を歩いているだけで受動的に一定の刺激を与えてくれるリアル店舗に軍配が上がります。

今後、あらゆる商品カテゴリーでEC化率が上昇すれば、多くのリピート購入がECでの半自動発注に移行することが予想されます。そうなると、サイコロの目をひっくり返すチャンスがある店頭の重要性はますます高まることになるでしょう。

プレファレンス

すでに述べた通り、プレファレンスとはサイコロの目が出る確率です。プレファレンスは、価格、ブランド・エクイティ、製品パフォーマンスによって構成されます。そして、リピート購入において最も重要な要素は、製品パフォーマンスでした。製品パフォーマンスが高ければ、プレファレンスが上がり、プレファレンスが上がればサイコロの目が出る確率が上がり、結果としてリピート購入につながるという流れです。

そして、原理原則⑥で解説した通り、ここにダブルジョパディの法則が働きます。つまり、マーケットシェア1位のブランドは最も顧客が多く、買ってくれる確率（行動的ロイヤルティ）も、好意度や購入意向（態度的ロイヤルティ）も高いということです。シェアが高いということは、当該商品を買ったことがある顧客（トライアル顧客＋リピート顧客）の絶対数が他社よりも多いということであり、製品のパフォーマンスが高ければ「その商品が良い商品であることを実体験として知っている人が多い」ことになるため、リピート購入においても圧倒的有利なポジションを獲得している（マーケットシェア2位以下の企業からすれば最初から圧倒的に不利な戦いを強いられている）ということなのです。

これが最寄品のリピート購入における製品パフォーマンス、プレファレンス、マーケットシェアの関係です。

再想起と半自動化リピートへの方策

　ダブルジョパディの法則に抗わないと、シェア2位以下の企業は戦う術がありません。どのような戦い方があるか考えてみましょう※2。

　現在も買い続けてくれているアクティブなリピート顧客が少ないとしても、比較的歴史の長いロングセラー商品であれば、かなり以前に買ったことはあるけれど、最近はまったく買っていない「過去の顧客」が一定数眠っているはずです。この人たちを起こすのです。

　マーケットシェアで競合に劣り経営資源の少ない企業は、えてして「ファンマーケティングに取り組み、既存顧客一人ひとりのLTVを向上させつつ、あわよくばファン経由で新規顧客獲得も狙おう」といった「既存顧客深耕戦略」を立てがちです。この戦略は一見もっともらしく聞こえますが、実は間違っています。

　その理由は、先に述べた通り、最寄品は価格が安いため、売上を増やすためには多くの顧客数が必要になるためです。ファン度が上がっても、飲むビールの量は10倍にはなりません。熱狂的なファンが100人の新規顧客を獲得してくれることもほとんど起こりません。つまり、**リピート売上を増やすためには、トライアル顧客「数」を増やすか、眠っている過去の顧客を起こすかしか手はない**のです。

　眠っている過去の顧客を起こすにはどうしたらいいのでしょうか。第2章の医療ミス④の中で、バズで売上が増えるのは最寄品などの一般消費財のみであると解説しました。ここにヒントが隠されています。過去に購入し、満足した経験を持つ「眠っている顧客」は、「感情を動かす刺激」によって眠りから覚める確率を高めることができます。ポイントは感情を動かすことです。当たり障りのない一般的なテレビCMやディスプレイ広告で、眠った顧客を起こすことは容易ではありません。眠っているのは関心がないからであり、一般的な広告表現では無関心ゾーンから脱することは難しいのです。他人ゴトから自分ゴトに変えるためには、感情を動かさな

※2　リピート売上はトライアル売上から生まれるため、リピート顧客の総人数で劣るマーケットシェア2位以下の企業は、トライアル顧客の拡大に着手しなければならないことが大前提。

第2部　マーケティングの〈点⇄線⇄面〉をつなげる

ければなりません。理論やフレームではなく企画やクリエイティブが勝負なのです。

　日清食品のU.F.O.は、2018年5月に「キャベバンバンキャンペーン」を実施しました。これは、湯切りのとき「裏蓋についてしまうキャベツをお箸で落とすのが面倒」という課題を解決するための最高のプロダクト「キャベバンバン」を開発、販売するという明らかにバズを狙った企画です。この企画は見事にバズり、多くの「眠っていた過去のU.F.O.顧客」を起こし（U.F.O.を再想起し）、「久しぶりのリピート顧客によるリピート売上」の拡大に貢献したと推察されます。

　眠っているリピート顧客は、すでに一定の製品パフォーマンスを知っているため、思い出させることさえできれば「久しぶりのリピート購入」が発生する可能性を高めることができます。具体的には、バズキャンペーンや話題性のある広告やパブリシティを仕掛けることによって「そういえば最近食べてないな（飲んでないな、使ってないな）」と再想起を促し、「久しぶりに食べたい（飲みたい、使いたい）」と「久しぶりのリピート購入」につなげるのです。

　ただし、上記施策によって久しぶりに眠りから覚めたリピート顧客も、そのままではスポットのリピート終了後、再度眠りに落ちてしまいます。そのため、プレゼントキャンペーンなどでLINEの友だち登録を促したり、XやInstagramの公式アカウントをフォローしてもらったりして、継続的にサイコロの目が出る確率を高め続けるといいでしょう。

ファネルマップ

　図6-3のファネルマップをもう一度見てください。ファネルの右側（買ってもらってからのマーケティング）においても、再想起を促す施策がマッピングされていることがわかります。

　「リピート売上促進策」を考える際、多くのマーケターは、CRM、ロイヤルティプログラム、ファンマーケティングなど「既存顧客の深耕策」を検討します。しかし実際は、長期間自社商品を買い続けてくれている真のロイヤル顧客を除き、最寄品の顧客の多くは複数のブランド間で大きく重複しており、バラエティーシーキングによるブランドスイッチによって顧客は

常に入れ替わっています。

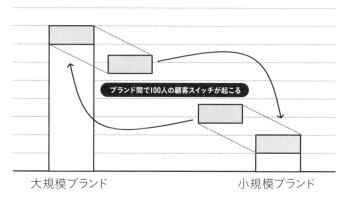

ブランド間で100人の顧客スイッチが起こる

大規模ブランド　　　　　　　　　　　小規模ブランド

図6-5　小規模ブランドほど顧客離反率が大きい[3]

　バイロン・シャープ氏は、「大規模ブランドは小規模ブランドよりも毎年多くの顧客を失うが、同時に多くの顧客を獲得している。一方、顧客の母数が大きいため、大規模ブランドの顧客獲得率や顧客離反率は、小規模ブランドよりも小さくなる」とし、顧客の離反にもダブルジョパディの法則は成立しているとしました。そのため、購入頻度が高く顧客の入れ替わりが激しい最寄品の場合は、「リピート施策＝既存顧客深耕」だけに絞らず、プレファレンス向上による「眠っている既存顧客」の起床促進や、離反している既存顧客分を補う新規ライトユーザーの獲得施策にも重点的に取り組む必要があります。

　つまり、**既存顧客のリピート促進においても、新規顧客のトライアル促進と同じ「広く浅い」マーケティングコミュニケーション施策を打ち続ける必要がある**ということです。先に述べた通り、プレファレンスとは同じカテゴリーやCEP内における相対的な力関係で決まります。その力を維持・向上させるのは、**ロイヤル顧客深耕策だけでは不十分**であることを忘れないでください。

※3　バイロン・シャープ『ブランディングの科学』（朝日新聞出版）

「ロイヤル化」の意味

　最後にロイヤル化について解説しておきます。最寄品は関与度が低いため、いわゆるファンマーケティングとの相性はさほどよくありません。あなたは、日常的に利用しているビール、缶チューハイ、お茶、味噌、醤油、お酢、カレー粉、シャンプーやトリートメント、歯ブラシや歯磨き粉、衣類用洗濯洗剤、柔軟剤、食器用洗剤、電池、頭痛薬などについて、毎日どのくらいの関心を持っていますか？　大半の人は「使ってはいるけれど、関心を持っているわけではない」のではないでしょうか。つまり「一定の満足はしている」し、「これからも半自動化されたヒューリスティック処理で継続購入する」でしょうが、関心を持っているわけではないということなのです。

　世に言われるファンマーケティングは「会員登録をしてくれ」「日常的にログインしてくれ」「記事を読んでくれ」「調査に協力してくれ」「会員同士で交流してくれ」「SNSに投稿してくれ」「友だちを紹介してくれ」「イベントに来てくれ」など、顧客側に一定以上の関与をしてもらうことが前提となった設計がされがちです。しかし、あなたがそうであるように、**大半の最寄品顧客は忙しい日常の中で「たったひとつの特定商品に割く可処分時間はほとんどない」**のです。

　生活必需品である最寄品は、趣味性の高い自動車や関与度の高いデジタル一眼レフカメラとは違います。「なくては困る商品」とは、逆に言えば「あって当たり前」なのであり、だからこそ日常的には意識されない電気・ガス・水道に代表される生活インフラのような存在なのです。

　マーケティング担当者は、毎日数時間、担当商品のことを考えている世界で一番高関与な人間です。一方の顧客は、毎日のように使ってはいるけれど、ほぼ関心のない低関与な状態です。このマーケティング担当と顧客の間に存在するマリアナ海溝のように深い溝を見誤らず、ファンとの適切な距離感をつくり、維持することをゴールとしてください。低関与な商材ながら、比較的自社の商品を好いてくれている顧客は、どのくらいの接触頻度や接触の深さなら無理がなく持続可能なのか。

　最寄品におけるファンマーケティングは、高い頻度でサイコロが振られ

る場面において、できる限り自社の目が出る確率を高めることをゴールとして、「適度な距離感を継続すること」が最重要です。高関与な買回品や専門品のような「至近距離での深く濃密な関係」を目指さなくてもいいですし、目指してはいけないのです。

ルート③　買回品・専門品における
トライアル購入までの流れ

　一言で買回品・専門品と言っても、年に数回購入する洋服やコスメと、数年に1回しか購入しない家電や自動車と、一生に1回か2回しか購入しない住宅や生命保険ではマーケティング特性が大きく異なります。ここでは数年に1回購入されるドライヤーを例に考えてみましょう。

....

（生活シーン）「最近、ドライヤーの調子が悪い。これを買ったのは……もう5年前か。寿命だから仕方ない。新しいのを買おう。いまのドライヤーは風量が弱いから次はもっとパワーが強いのがいいな」

　そんなことを考えながらスマホを手に取り、リビングのソファに腰を下ろす。Amazonアプリを開いて検索窓に「ドライヤー」と入れると、検索レコメンドに「ドライヤー　人気　ランキング」と出てきたため、それをタップした。検索結果には3,000〜8,000円台の商品が並んでいる。「ドライヤーの価格ってこんなもんだっけ。意外と安いな」と思う。どの商品も大風量、マイナスイオン、遠赤外線などがアピールされていて、「確かにパワーが強いだけじゃなく、髪が傷まず、速くサラサラに乾くやつがいいな」と思う。

　一通り見終わったとき、さっきの検索レコメンドで「ドライヤー　パナソニック」と出ていたことを思い出す。「確かにドライヤーといえばパナソニックだよな。ナノイーだっけ？」。ちょっと見てみようと「ドライヤー　パナソニック　ナノイー」で再検索。パナソニックのナノケアが出てきた。「高い……！」。今度は価格が2万〜3万円台で、どうやら最高級品は3万円

台後半のようだ。でも、さっき見た数千円の商品よりもレビューの数が尋常じゃないレベルで多く、そして評価（点数）が高い。強い興味をそそられ、商品をタップして詳しく見てみる。

　縦に長い商品ページ（LP）には「乾かすたび、髪の内側まで水分補給」「驚くほど、速乾」「高浸透ナノイーの効果」「よりしっとり、まとまりのある髪」「ヘアカラーの退色抑制」「髪だけでなく、肌もしっとり」などグッとくる効能が訴求されている。「すごいな。でも本当かな？」と思いつつ下段のレビューを見てみると、「びっくりするほどサラサラに」「感動する指通り」「買ってよかった」のオンパレード。数件や数十件のレビューならまだしも、2,800件以上のレビューの平均値が4.6って……。こりゃ本物だ。

　自分の髪はハイライトを入れるためにブリーチしてるからパサパサだ。「サラサラ髪いいなぁ……欲しいなぁ……でも高いなぁ……」と悩みつつ、念のため他の情報も見ておくか……と今度はGoogleで「パナソニックナノケア」と検索したところ、検索結果にYouTube動画が出てきた。タップして見てみると、パナソニック公式による商品の特徴説明と髪の上手な乾かし方の解説動画だった。いつもならあまり見ない3分半の動画だったが、高い買い物のせいか最後まで見てしまった。そして、すごく欲しくなってしまった。

　数日間、いろいろ検索しながら考えたが、これから数年間毎日使うものだし、後悔しないものを選びたいと数日後Amazonで（想定予算をはるかにオーバーした）3万円台のナノケアを購入した。

　いかがでしょう。毎度予算オーバーの商品を買うわけではありませんが、ありえる日常の一コマなのではないでしょうか。ここでも9つの原理原則を「面」と「線」で理解するため、売上の地図（買回品・専門品のトライアル購入版）を用いて解説しましょう。

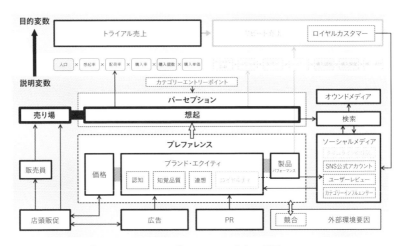

図6-6 買回品・専門品のトライアル購入における売上の地図

商品カテゴリーとトライアル購入特性

　ドライヤーの平均寿命は3〜4年と言われていますから、多くの人はそのサイクルで商品の買い替えを行います。つまり、3〜4年に一度「いますぐ客」として顕在化し、何かしらの商品を購入した後は再度3〜4年間「そのうち客」として潜在化する特徴を持ちます。

　価格は数千〜数万円と比較的高額なため、購入前に慎重な情報探索と比較検討が行われるシステマティック処理での意思決定がなされます。

フィジカルアベイラビリティ

　ドライヤーなどの家電の場合、以前は「欲しくなる→店頭で実物を見て触って購入する」流れが一般的でした。しかし前述の通り、近年の生活家電のEC化率は約42％まで上昇しており、多くの購入はECでも行われます。そのため、主要家電量販店への配荷、店頭でのVMD（Visual Merchandising）、店頭での人的セールスだけでなく、ネットでのフィジカルアベイラビリティも最適な状態に保たれている必要があります。

ネットでのフィジカルアベイラビリティ

- 主要ECで購入できる
- 主要EC内で見つけやすい（検索上位に表示される）

ECにおけるフィジカルアベイラビリティを考える際に忘れてはならないのが、**検索される場所が多様であること**です。以前は「検索＝Google検索」でしたが、スマホアプリが普及した昨今では、買い物ならAmazonや楽天検索、動画ならYouTube検索、イメージ検索ならInstagram検索、リアルタイム検索ならX検索と「検索ニーズ→問題解決」の入口が多様になりました。

たとえば「スマホ用のモバイルバッテリーを買いたいが、どの商品（ブランド）を買うかは決まっていない」場合、GoogleではなくAmazonで検索し始めるなんてことはありませんか？　今回のケースも、「新しいドライヤーを買うことは決まっているが、どの商品を買うかは決まっていない」状態だったため、起点がAmazon検索から始まっています。つまり、Amazonで買えることと、Amazon内での検索レコメンドが効いたのです。

真実の瞬間

長い間「そのうち客」として潜在化していた顧客が、何かしらのトリガーが引かれて「いますぐ客」として顕在化し、積極的な情報探索と比較検討プロセスに入る買回品・専門品は、ZMOTが主戦場となります。

今回のケースも、最初の段階ではあまり具体的なニーズやベネフィットを持たず、ほぼ無意識にAmazonで「ドライヤー」と検索しています。そこで「ドライヤー　人気　ランキング」の結果を見ることで長年情報の更新が止まっていた「主要売れ筋ドライヤーのメーカー、機能、デザイン、価格帯」などの情報を更新した後、Amazon内の検索レコメンドによって「ドライヤーといえばパナソニック」「ドライヤーといえばナノイー」を思い出し、今度は「パナソニック　ナノイー」で検索しました。

本ケースの最大の山場はここにあります。3〜4年続いた潜在期間において、広告やパブリシティに触れ続けたマーケティングコミュニケーションの蓄積効果が花開き、パナソニックのナノイーを想起してブランド指名検

索につながったことが勝負を決めました。

　買回品・専門品におけるZMOTには「思い出してもらうまで」と「思い出してもらってから」の2段階があります。

思い出してもらうまでのZMOT

Amazonで商品を物色中にパナソニックのナノイーを想起し、ブランド指名検索をするまでの流れです。過去のマーケティングコミュニケーション施策の蓄積が効いています。

思い出してもらってからのZMOT

Amazonのレビューによる信頼度の向上、YouTube動画による商品の特徴理解を経て、（他社商品と比較した上での）購入意向の向上が起こっています。

　本ケースでは、この2つのZMOTの連鎖によってほぼ勝負が決まりました。Amazon内でブランド指名検索がされなければ、「ドライヤー　人気ランキング」の世界で大量の他社商品に混じり埋没してしまっていたでしょう。目立つためには、大量のAmazon Ads（リテール広告）を出稿し、検索結果に自社商品を紛れ込ませることが必要となります。

　ただし、仮にAmazon Adsによって「表示」を増やせたとしても、はるかに予算をオーバーする上位機種を購入することはなかったはずです。情報探索中に「ドライヤーといえばパナソニックだよな」「ナノイーだよな」と、「パナソニックのドライヤーは良い商品である」「ナノイーは（よくわからないけれど）良い機能である」といった知覚品質やブランド連想が働いたからこそ、指名検索後の購入意向向上につながったのです。

　これらは、ニーズが顕在化した後に起こったものではなく、その前に蓄積されていたものです。**「そのうち客」の期間が長い買回品や専門品は、2段階のZMOTによってほぼ勝負が決まってしまいます。**レッドオーシャンのFMOTで競合との殴り合い競争をしたくないのなら、ニーズ顕在化前の「仕込み」に力を注ぐ必要があります。

プレファレンス

　一部、真実の瞬間と重複しますが、プレファレンスの視点からも考察し

ておきます。最寄品は購入頻度が高いため、月に数回サイコロが振られます。一方、買回品や専門品は購入頻度が低いため、年に数回または数年に1回しかサイコロが振られません。最寄品は小さくて軽いサイコロが高頻度で振られ、買回品や専門品は大きくて重いサイコロが数年に1回振られるイメージを持つといいでしょう。

　最寄品の購入はヒューリスティック処理による素早い意思決定がされるため、「ビールが飲みたい→サイコロ→意思決定」が数秒で行われます。一方の買回品や専門品の購入はシステマティック処理による慎重な検討と意思決定がされるため、「ドライヤーが買いたい→サイコロ→意思決定」の期間が数日、商品（価格）によっては数ヶ月にわたる場合もあります。

　つまり、最寄品の小さくて軽いサイコロは、サッと振ってパッと出た目の商品がそのまま購入される特徴を持ちますが、買回品や専門品の大きくて重いサイコロの場合、サッと振ってパッと出た目（想起集合：思い出すまでのZMOT）は「購入を検討する選択肢」であり、そこからシステマティック処理による慎重な検討（思い出してからのZMOT）を経て、購入の意思決定がされるという違いがあります。

買回品・専門品におけるプレファレンスの特徴

● 価格

安ければプレファレンスが上がり、高ければ下がります。一方、最寄品のプレミアム商品よりも強い「価格の品質推定機能（例：高いメロンは安いメロンよりも甘いはずだ）」が働くため、今回のケースのように「長く使うものだから、少し高いけど良いものを買っておこう」と、必ずしも高価格＝プレファレンスが下がることに直結しない場合があります。ただし、高価格でもプレファレンスが下がらないケースは、高い知覚品質に加え、プレミアムやラグジュアリーなブランド連想（≒情緒的ベネフィットや自己実現ベネフィット）が担保されている必要があります。

● 製品パフォーマンス

トライアル購入（商品購入前：まだ使用していない状態）ですから、製品パフォーマンスは評価できません。しかし、買回品や専門品は多数のレビューが掲載されているため、他者の評価から一定程度の推測をするこ

とができます。そして思い出してもらってからのZMOTが購入意思決定に大きな影響を与えます。だからこそ、買回品や専門品は既存顧客のSMOTとTMOTが重要なのです。

- **ブランド・エクイティ**

最寄品のプレファレンスにおける知覚品質やブランド連想は、ヒューリスティック処理における一瞬のうちに影響を与えます。「これって評判いいよな（＝知覚品質）。よし、ひとつ買っておこう」といった具合です。一方、買回品や専門品における知覚品質やブランド連想はシステマティック処理の過程で慎重に検証されます。「パナソニックのナノイー技術はすごいっていうイメージ（＝知覚品質）を持っているけれど、本当なのかな。みんなのレビューを見て確認してみよう」といった具合です。つまり、買回品や専門品におけるブランド・エクイティは印象やイメージにとどまらず、レビューなどによる客観的な検証が行われるため、広告やパブリシティだけでコントロールできないことを忘れないでください。

パーセプションとカテゴリーエントリーポイント

本ケースのカテゴリーエントリーポイントは一般的な入口（大風量のドライヤーが欲しい）であり、特筆すべきものはありません。

パーセプションについて見てみましょう。本ケースでは、当初「次はもっとパワーが強いのがいいな」と考えています。つまり、「良いドライヤー＝大風量のドライヤー」というパーセプションです。しかし、情報探索の中でパナソニックナノケアが訴求する「乾かすたび、髪の内側まで水分補給」「驚くほど、速乾」「高浸透ナノイーの効果」といったベネフィットに触れ、「良いドライヤー＝早くサラサラに仕上がる／使うたびにしっとりするドライヤー」へパーセプションチェンジが起こっています。そしてそれが購入の決め手となりました。

パーセプションチェンジは、パブリシティだけが持つ専売特許なのではなく、テレビCMや商品ページでのベネフィット訴求でも行える可能性があるのです。

ファネルマップ（トライアル購入／リピート購入共通）

　買回品・専門品のマーケティングファネルは、潜在顧客（そのうち客）の
ZMOT形成、ニーズ顕在化後の理解促進と比較検討（思い出してからの
ZMOT）があるため、最寄品と違って多段階です。

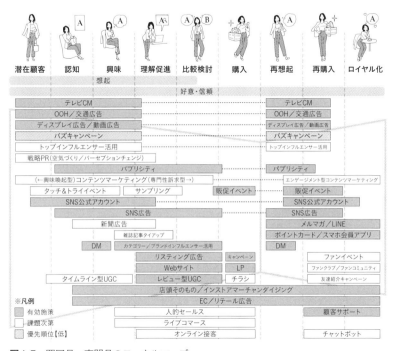

図6-7　買回品・専門品のファネルマップ

　本ケースでは、ニーズ顕在化→Amazonアプリ起動→Amazon内一般
検索→最新のドライヤー概況をざっと理解→パナソニックのナノイー想起
（過去に形成されていたパナソニックに対する高い認知度と知覚品質、ナノイーのブ
ランド連想が貢献）→Amazon内再検索→パナソニックナノケア商品ページ
で理解促進、パーセプションチェンジ、レビューによる正確性検証→購入
意向向上→Google検索→YouTubeでパナソニック公式動画視聴→さらな
る購入意向の向上→数日間の情報探索（ほぼ買う意思は決まっているが、検討

しているフリをして自身の納得度を高める）→意思決定→Amazonで購入といった流れが起こりました。

今回はAmazon検索から入りましたが、GoogleやYahoo!検索から入る場合も考え方は同じです。ここで理解していただきたいのは、**「Amazon検索→Amazonで購入」の流れは、あたかもデジタルでマーケティングが完結しているように見えがちですが、決してそうではないということ**です。

本ケースの重要ポイント

- 必ずしも「いますぐ客」へのリーチ効率は良くないテレビCMやOOH、雑誌記事タイアップ、カテゴリーインフルエンサーマーケティングに資源を投下し続けた結果、「ドライヤーといえばパナソニックのナノイー（ナノケア）」という想起や、「ナノイー技術は（よくわからないけれど）良い効能効果をもたらす」といった知覚品質やブランド連想を形成していたこと
- 上記がAmazonでの再検索を促し（＝他の商品と戦う土俵が変わり）、高い関与で当初の予算感を超えるナノケアの検討に入っていること（＝ナノケアについて「もっと知りたい」という関与を引き出した）
- サイコロの目が出た後の検討段階（＝思い出してからのZMOT）で、高い信頼と確証を得る大量かつ高評価のレビュー（＝高い製品パフォーマンス）があったこと

誤解しがちなこと

日常生活におけるメディア接触において、いかにデジタルの比率が高まろうと、私たちはネットの中だけで生活しているわけではありません。また、「そのうち客」としてニーズ潜在期が長い買回品や専門品の買い物は、ニーズが顕在化し、ネットに接続されてから勝負が始まり、勝敗が決しているわけでもありません。マーケティングの効果は、「過去施策の蓄積や遅延浸透効果」と「現施策効果」の合算によって決まります。

しかし、「ブランディング施策の遅延浸透効果」は、デジタルマーケティング活動におけるダッシュボードには表示されません。それゆえ、多くのデジタルマーケターは「見えないもの（見えにくいもの）＝効いていない」と

誤って解釈してしまいます。確かに、デジタルマーケティングは「いますぐ客」を見つけ出し、効率的に収穫することに長けていますが、その「獲得効率」は過去施策の蓄積や遅延浸透効果が働いているからこそ出力されている数値かもしれないのです。ぜひ改めて「自社売上の因果関係」を構造的に考察し直してみてください。

ルート④　買回品・専門品における リピート購入の流れ

　先ほどのケースから5年が経ちました。リピート購入の流れを見てみましょう。

(生活シーン)「結婚を機に、新居へ引っ越すことにした。いい機会だから、いままで使っていた家具や家電も、不要なものはリサイクルに回し、古くなったものやひとり暮らし用のものは買い替えることにしよう。ドライヤーも少し古くなったな。これいつ買ったんだっけ……えーと5年前か。まあだいぶ使ったな。調子は悪くないけれど、パートナーにも相談して買い替えを検討しよう」

自分：いま使ってるドライヤー、少し古くなったから買い替えようと思うんだけど、どう思う？

相手：いいと思う！　新居に移るし、この際新しいのにしようよ。

自分：いまのドライヤー、すごくいいから同じメーカーで探してみる？

相手：うん！　私もたまに使わせてもらってるけど、サラサラに乾くしすごくいいよね。

自分：そうなんだよ。ブリーチしてハイライト入れててもぜんぜんパサパサしないし。以前は高いトリートメント剤使ってたけど、いまのドライヤーに変えてから髪がパサつかないから、安いトリートメント剤に変えちゃったもん。

相手：じゃあいま使ってるやつの新しいのにしよ！　新居のインテリア的

に今度は白いのがいいな。

　自分：了解！　じゃあ探して買っておくね。

（買い物行動）スマホでAmazonアプリを開き、「パナソニック　ナノケア」で検索（5年ぶり）。現在の最新機種が並んでいる。価格は5年前とさほど変わらない。デザインは洗練されていてさらにかっこよくなっている。一通り長いLPを見て充実した機能と効能効果を確認する。続いてレビューの確認。前回同様、大量かつ高評価のレビューが並んでいる。「うん、相変わらずパナソニックのナノケアは売れ筋で（みんなが買っていて）、問題ない（みんな満足している）みたいだな。よし、今回はこのモデルの白にしよう。ポチッとな」

. . . .

　　結婚と新居への引っ越しがトリガーとなって、買い替えニーズが顕在化したケースです。

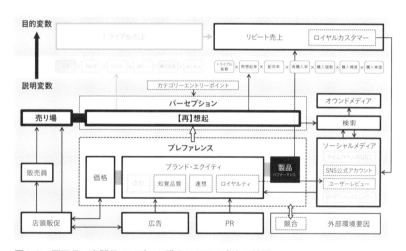

図6-8　買回品・専門品のリピート購入における売上の地図

商品カテゴリーとリピート購入特性

　買回品や専門品の買い物は購入頻度が低く、価格が高いためシステマ

ティック処理による購入意思決定が行われます。しかし、本ケースで示した通り、リピート購入時はトライアル購入時のような慎重かつ丁寧な情報探索と比較検討は行われていません。

買い物におけるシステマティック処理は、「失敗のリスクが大きい（失敗すると実利的・心理的・経済的ダメージが大きい）」「自身が持つ情報量が少ない」「情報の真偽を確かめる自信がない」ときに、これらのギャップを解消するために行われます。しかし、リピート購入であれば「現在使っている商品が十分な効能効果をもたらしてくれることを知っている」「前回の購入に満足している（後悔しなかった）」「メーカーが謳っている効能効果やレビューが真実だったことを自身の使用経験として実体験している」ため、たとえ買回品・専門品であってもヒューリスティック処理に近い意思決定が行われることが少なくありません。

本ケースでも、情報探索と検討はAmazon内だけで完結しており、ブランドサイトやYouTube動画などの確認は行われませんでした（もちろん、リピート購入時においてもWebサイトやその他施策は重要ですが、トライアル購入時に比べてヒューリスティック処理に寄った意思決定プロセスを踏むという意味です）。

製品パフォーマンスと真実の瞬間

後悔したくない思いが強い買回品や専門品の買い物は、システマティック処理で購入された後のSMOT（製品パフォーマンス評価）もシビアに行われます。

本ケースでは高いSMOTを経験していたことに加え、5年間ほぼ毎日使用している中で「前に使っていたドライヤーとぜんぜん違うな（ナノケアすごい）」「こんなにサラサラに乾くなら、いま使ってる高いトリートメント剤じゃなくてもいいかもしれない」「トリートメント剤を市販の安いやつに変えたけどさほど変わらないな（ナノケアすごい）」「今度はブリーチしてパーマもかけちゃった。髪の毛傷んでるな……。でも今日もサラサラだ（ナノケアすごい）」「出張で1週間ホテル住まいだったけど、髪がパサパサで困った。やっぱり（自宅で毎日使っていた）ナノケアってすごいんだな」などと高いTMOTも得ていました。

これが、5年ぶりにニーズが顕在化したときの「思い出すまでのZMOT（＝想起）」に影響を与え、「思い出してからのZMOT（＝レビュー確認）」もほどほどで完了させる結果を導いています。

満足の要素とリピート購入の心理

最寄品の購入はヒューリスティック処理で行われるため、前述の通り、購入後の製品パフォーマンス評価も（薬や虫除けなどのように強い関与で効能効果を待ち構える商品を除く）サラリと行われます。自動販売機でお茶を買って「うん（おいしい）」といった具合です。

一方の買回品や専門品は、購入前から高い関与度でシステマティック処理による情報探索と検討が行われるため、購入後の製品パフォーマンス評価もキッチリと行われます。だからと言って「買回品や専門品は、最寄品よりも製品パフォーマンス評価が厳しく行われる」「だからこそ製品パフォーマンスさえ高ければリピート購入率が高まる」という理解だけにとどまってはいけません。買回品や専門品における買い物の「満足度」を左右するのは、製品パフォーマンスだけではありません。

私たち人間は、「得をしたい心理」よりも「損をしたくない心理」の方が強く働くため、損失を回避する行動を取ります（＝プロスペクト理論※4）。それゆえ、買い物による失敗のリスクが大きい買回品や専門品を選択する際の消費者心理としては、表では「いい買い物をしたい」と考えながら、深層心理では「買い物によって失敗したくない」「後悔したくない」と考えているのです。

買回品や専門品においていい買い物ができたときの満足感は、「購入した商品の効能効果が期待通りだったかどうか（＝製品パフォーマンス）」だけでなく、「自身が行った商品選択が正しかったかどうか（＝顧客心理）」が影響しています。**「自身の選択が正しかった」ことの安堵は、「大事な意思決定で失敗しなかった（＝損失を回避できた）」ことを示し、深く記憶に刻まれます。**

※4　人は、利益を得るよりも損を回避する方を好むことを示す行動経済学の基礎理論。1979年にダニエル・カーネマン氏らによって提唱された（同氏は、行動ファイナンスや行動経済学を応用した新たな経済学分野を切り拓いたとして2002年にノーベル経済学賞を受賞）。

買回品や専門品を買い替える際、新たなメーカーやブランドを検討する場合、損失を回避するために再度システマティック処理で検討を行う必要があります。一方、過去に購入し、一定の満足をしている現在使用中の商品は、すでに良質なSMOTとTMOTを経験しているためヒューリスティック処理で検討を進めることができます。高い製品パフォーマンスを知っていることによる"安心"感と、別のメーカーやブランドを選択することによって「失敗してしまうかもしれない」「だったら、十分満足しているいまのメーカーやブランドの最新機種を購入した方が"安全"」という損失を回避する心理が働くのです。

これが買回品や専門品のリピート購入において、高い製品パフォーマンスが必須である背景であり、（最寄品よりもさらに）マーケティングコミュニケーションだけでリピート購入をコントロールできない理由です。

プレファレンス

ここまで述べた通り、買回品や専門品のリピート購入は（最寄品よりもさらに高いレベルで）製品パフォーマンスに依存します。しかしそれは逆に言えば、製品パフォーマンスによって高い満足度を獲得できれば、次のリピート購入時において最もサイコロの目が出る確率が高い状態をつくれていることを示します。

あなたが担当する商品の**リピート購入率が低い場合、価格、ブランド・エクイティ（すでに認知はされているため、知覚品質、ブランド連想、ロイヤルティ）、製品パフォーマンスのどこに課題があるか、再度点検**をしてください。プレファレンスはカテゴリー内の競争によって相対的に決まりますから、いずれかの変数が競合に負けているはずです。

厳しい言い方ですが、競合に負けているということは、それはつまり自社の努力が足りていないことを意味します。知覚品質や製品パフォーマンス、それに紐づくロイヤルティは「顧客の期待を裏切らなかったか」「顧客の期待を超えたかどうか」で決まります。

リピート購入率が低い場合は、広告、パブリシティ、販売促進活動などのマーケティングコミュニケーションでごまかそうとせず、真の課題解決に目を向け、解消に取り組んでください。

ファネルマップ

　買回品や専門品のリピート購入も、最寄品同様、「必要性」がトリガーとなってニーズが顕在化します。

　その際、自社商品の再想起性を高めるためには（思い出すまでのZMOTで有利なポジションを獲得するためには）広告やパブリシティなどによる持続的なマーケティングコミュニケーションが必須です。しかし、買回品や専門品は「そのうち客」期間が長期におよぶため、広告だけで頻度高く接触し続けることは困難です。

　そのため、SNS公式アカウント、メルマガ、LINEなどによるオールウェイズオン（常時接続型）コミュニケーションが有効です。第2章の医療ミス③で紹介したソニーマーケティングのように、商品を上手に使うためのハウツーやノウハウを届け、顧客の「買ってよかった」「期待以上だ」という満足度を高めるのです。

　なお、スマホアプリの必要性は顧客の購入頻度や経済的ベネフィットに依存するため、多くの（特に）メーカーのリピート購入促進施策としてはお勧めしません（企業が提供する人気アプリの大半は、コンビニ、スーパー、ドラッグストア、ユニクロやGUなど、小売に関連するものばかりです）。

「ロイヤル化」の罠

　買回品と専門品は最寄品と比べて関与度が高いため、ファンマーケティングとの相性が良いという特徴を持ちます。そのため、多くの企業がリピート顧客のロイヤル化（ファン化）、LTVの向上、推奨促進による新規顧客獲得などを目指し、「狭く深いコミュニケーション」を志向しがちです。

　既存顧客深耕策としてファンマーケティングに取り組むこと自体はとてもいいことですが、狭くなりすぎないことに注意してください。その理由は、**買回品と専門品のマーケティングにおいて2番目に重要な変数が「ユーザーのレビュー（思い出してからのZMOT）」**だからです（一番重要なのは思い出すまでのZMOT＝想起です）。

　買回品と専門品における売上（トライアルとリピートの合算）は、真実の瞬間のサイクルに強く影響を受けます。つまり、既存顧客のSMOTや

TMOTがレビューとなって次の新規顧客およびリピート購入時のZMOT
に大きな影響を与えるのです。

「購入意思決定を促すレビュー」には以下の3つの視点があります。

①量

レビューは多ければ多いほど有利です。あなたも、100件のレビューより
も1,000件のレビューがついているお店や商品の方が「人気なんだな」「売
れているんだな」と思いますよね。買回品や専門品については、商品選択
時に十分な情報を持ち合わせていない場合が多いため、「とりあえず人気
のものを選べば間違いないだろう」という代表性ヒューリスティックが働
きやすい特徴を持ちます。購入するかどうかは、以下の②と③に依存しま
すが、レビューが多ければ「何を選択肢として検討するか」の候補に入れ
てもらいやすくなります。レビューの量はリアル店舗の行列（注目や人気を
表すもの）のような役割を持つのです。

②高評価

先に述べた通り、買回品や専門品の買い物は「失敗したくない心理」が
強く働きます。そのため、他者のクチコミを見て買うか買わないかを決める
現代において、高評価レビューはもはや（必要条件ではなく）十分条件と言
えます。レビューはコントロールすることはできません。だからこそ、レ
ビューが低い場合は小手先のテクニック（ほとんどがグレーの施策）に頼る
のではなく「どうすればレビューが改善するのか」に腰を据えて取り組む必
要があります。

③詳しさや熱量

数多くの「よかった」「期待以上」などの短文レビューの中で、詳細かつ
長文で（そして時に情熱的に）書かれたレビューがあります。数年に1回や人
生で1回しか買わない買回品や専門品の購入検討時は、誰もが一定以上の
関与度を持ち、商品によっては「食い入るように」または時として「藁にも
すがる思いで」レビューを見ます。長文レビューは誰もが読むものではあり
ませんが（見る人を選びますが）、「もっとリアルで詳しいレビューが読みた
い」と考えている人にとってはとてもありがたく、そして強く影響を受ける
ものとなります。

これが、買回品や専門品のCRMやファンマーケティングにおいて、狭く深くなりすぎないことに注意が必要な理由です。レビューは、①量、②高評価、③詳しさや熱量の三拍子が揃った状態が理想です。しかし、狭く深いファンマーケティングでは、①の量を担保できないのです。1人のファンが投稿できるレビューは1回です。どんなにその商品のことを愛していても、2個も3個もレビューを書くことはできません。どんなに評価が高く、一つひとつのレビューが詳細にわたっていても、レビューが100件の商品よりもレビューが1,000件の商品の方に興味を持ってしまうのが人間です。レビューは、「まず」量が大事なのです。

　そのため、買回品や専門品のファンマーケティングであっても、一定の「広さ」を志向する必要があります。狭く深く閉じられたコミュニティよりも、少し浅くても広さのある常時接続顧客を持った方が（レビューという視点だけで見れば）有利なのです（そして意外と顧客側もそのくらいの浅い関係の方が「適度な距離感」で不快ではないのです）。

　これは、コアファンを否定しているわけではありません。コアファンはレビューの中に③詳しさや熱量をもたらしてくれます。自身でSNSを使っている人であれば、フォロワーに向けて投稿してくれているかもしれません。しかし、どんなコアファンでもSNS投稿の回数は限られます。買回品や専門品においても、ファンマーケティングに取り組む際は、自社の商品に合った適切な広さを意識し、戦略を設計してください。

　くどいようですが、買回品や専門品の売上において、レビューは必要条件ではなく十分条件です。①②③が最適な状態になるよう、想起対策に次いで、最重要事項として取り組んでください。

第 **3** 部

〈点〉を理解する

主要施策の
「できること」と「できないこと」

ここまで、＜面＞と＜線＞について見てきました。本章では＜点＞、つまり具体的な施策や手法を＜面＞の中で見ていきます。

「面」の中で「点」を見る

改めて、＜点⇄線⇄面＞の関係をおさらいしておくと、それぞれ以下の特徴がありました。

- 面：頂上に至る複数ルートの設計
- 線：頂上に至るそれぞれのルート（マーケティングの流れ）
- 点：ルート上に存在する様々な障害物を乗り越える具体施策や手法

現場で奮闘するマーケターの「これ何のためにやってるんだっけ……」というモヤモヤは、戦略の全体像（頂上に至る複数ルートの設計：面）が見えていないことと、自分が進んでいるルートの戦略上の位置付け（線）が理解できていないことに起因します。それゆえ、目の前に現れる障害物を乗り越えることに意識と行動が集中してしまい、手段の目的化や（自身がやっていることの意味付けができないことによる）「つまらなさ」や「飽き」を誘発してしまうのです。

図7-1 頂上に至るルートと、その途上の点

　皆さんは前章で「最寄品と買回品・専門品におけるマーケティングの違い（面）」と、「トライアル喚起とリピート促進の流れ（線）」を学び、以前よりも山の頂上に至る複数ルートの設計（面）と、それぞれのルートが持つ戦略的な意味合いが「見える」ようになったはずです。

　本章では、主要ルートに現れる障害物を乗り越えるための具体的施策や手法（点）を、ファネルマップ（面）の中で見ていきます。常にそれぞれの施策が全体の「どこ」に位置しているのか、注意深く確認してください。

　この世に「どんな病気も一発で治せる万能薬（どんなマーケティング課題も一発で治せる万能施策）」は存在しません。そのため、すべての施策には必ず「治せる病気」と「治せない病気」があります。

　これから紹介する20種類のマーケティングコミュニケーションの主要施策にも、「できること（得意なこと）」と「できないこと（得意ではないこと）」があります。医療ミスの大半は「できないこと」を「できること」と誤解することから始まるため、特に「できないこと」に注意しながら読み進めてください。

テレビ CM

全国津々浦々の全年代にリーチ

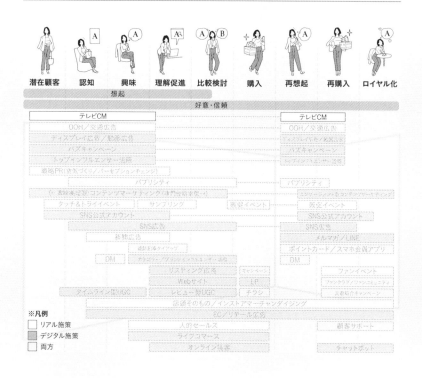

主な対応課題

- □ 数十万～数千万人の認知を獲得したい（リーチは商材や予算によって様々）
- □ ナショナルチェーンの棚を取りたい（バイヤー商談を有利に進めたい）

できること

- □ 全国津々浦々に住む全年代にリーチし、認知率を向上させることができる
- □ CPMが安い（主要なデジタルメディアよりも安いことが多い）
- □ 継続的に出稿することでZMOTやプレファレンスを良化できる
- □ メジャー感、信頼感を獲得することができる

できないこと

- 番組内容や曜日・時間帯によって視聴者のターゲティングは可能だが、デジタルメディアに比べるとターゲティング精度が低い（ニーズ顕在・潜在のターゲティングもできない）
- ブランドリフト[※1]調査や指名検索数の計測はできるものの、デジタル施策と比べると効果の検証が粗くなる
- テレビ視聴者は高齢化と低所得化が進展しているため、ホワイトカラーや若年層に対しては他の施策との組み合わせが必要

効果測定指標

KGI	KPI
広告認知率、商品認知率、興味喚起率、好意度、商品理解度、購入意向、指名検索数など	GRP（Gross Rating Point：延べ視聴率）、リーチ、接触回数、CM受容度など

誤解しがちなこと・注意すべきこと

- 「認知の向上＝売上の向上」ではない。認知以外の数値は健全で、あとは認知が向上すれば売上が向上する算段がついている場合を除き、過剰な期待はご法度

推奨併用施策

- 最寄品の場合：店頭での再想起率向上に向け店頭マーケティング（➡施策17）との連携が必須
- 買回品や専門品の場合：リスティング広告（➡施策13）、Webサイト、ECサイトでのリテール広告などと連携をしておきたい
- OOH（➡施策02）、ディスプレイ広告（➡施策03）、動画広告（➡施策04）：多面的な接触を増やすことで浸透効果を高めることができる

※1　自社の商品やサービスの認知、興味、好意・信頼、購入意向などの向上を表す効果指標。

OOH[※2]／交通広告

場所の特性に合わせて訴求

| 潜在顧客 | 認知 | 興味 | 理解促進 | 比較検討 | 購入 | 再想起 | 再購入 | ロイヤル化 |

想起

好意・信頼

テレビCM

OOH／交通広告

ディスプレイ広告／動画広告

バズキャンペーン

トップインフルエンサー活用

戦略PR(空気づくり／パーセプションチェンジ)

パブリシティ

(←興味喚起)コンテンツマーケティング(専門性訴求→)

タッチ&トライイベント　サンプリング　販促イベント

SNS公式アカウント

SNS広告

純粋広告

獲得系タイアップ

DM　ナーチャリング／ブランドインフルエンサー活用

リスティング広告

キャンペーン

Webサイト　LP

タイムライン型UGC　レビュー型UGC　チラシ

店頭そのもの／インストアマーチャンダイジング

EC／リテール広告

人的セールス

ライブコマース

オンライン接客

テレビCM

OOH／交通広告

ディスプレイ広告／動画広告

バズキャンペーン

トップインフルエンサー活用

パブリシティ

エンゲージメントコンテンツマーケティング

販促イベント

SNS公式アカウント

SNS広告

メルマガ／LINE

ポイントカード／スマホ会員アプリ

DM

ファンイベント

ファンクラブ／ソーシャルコミュニティ

友の会／継続キャンペーン

顧客サポート

チャットボット

※凡例
□ リアル施策
□ デジタル施策
□ 両方

主な対応課題

□ より立体的な接点を増やすことによってマス広告の効果を高めたい

□ 購買地点に近い場所で再想起性を高めたい

できること

□ 広いリーチを獲得することができる

□ 場所の特性に合わせターゲティングできる（例：品川ならビジネスパーソン）

□ 通勤、通学、生活圏など、需要特性に合ったメッセージを繰り返し伝え
　られる

□「いますぐ客」に訴求できる（例：地下鉄出口に「マクドナルド右折50m」）

□ 文脈やクリエイティブによってSNSでのバズを狙うことができる

できないこと

□ 強いエリア特性を持つ場所や沿線でない限り、細かなターゲティングはできない

□ 電車やバスの車中はスマホ利用率が高く視認率が低下している

□ 「いつ、誰が、どこで、何を見て、どのような意識・態度・行動変容が起こったか」を詳細に検証することは困難（ただし近年のデジタルOOHの場合は、スマホの位置情報連携などによって「視認→来店→商品購入」の流れが起きたかを推定することが可能になってきている）

効果測定指標

KGI	KPI
広告認知率、商品認知率、興味喚起率、商品理解度、購入意向、来店意向、指名検索数など	リーチ、接触回数、接触頻度、UGC量など

誤解しがちなこと・注意すべきこと

□ 移動中の広告は、見ているようで見ていない（"see"はしているが"watch"しているわけではない）ため、比較的長期にわたり出稿することによってザイオンス効果（単純接触効果）を高めると良い

□ OOHは細かな効果測定ができないと考えられているが、デジタルOOHならば「いますぐ客」の獲得効果を一定の解像度で検証することが可能になってきている

推奨併用施策

□ テレビCM（➡施策01）などのマス広告：広告認知や再想起性を高めることができる

□ 店頭マーケティング（➡施策17）：デジタルOOH視認直後の来店客の買上率を向上できる

※2　Out Of Homeの略。看板や大型ビジョンなどの屋外広告、駅構内広告や電車中吊りに代表される交通広告など、家庭以外の場所で展開されるメディアの総称。

ディスプレイ広告

高度なターゲティングと効果検証

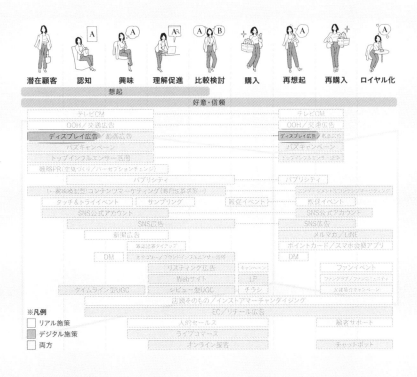

主な対応課題

□ ニーズ潜在層を含めた広い層にリーチし、認知率向上や興味喚起を図りたい

□ (マス広告よりも) ターゲティング精度を高めたい

□ 広告効果を正確に検証したい (ただし、ディスプレイ広告のCTRやCVRは他の施策の影響も受けているため、行き過ぎた単体効果での解釈は注意が必要)

できること

□ 比較的安いCPMで広い層にリーチできる

□ ターゲットの興味関心 (ユーザーの閲覧履歴)、居住地や職場、登録情報 (属性情報) をベースとした細かいターゲティングができる

- [ ] 画像や動画などを用い、リスティング広告よりもリッチな表現で訴求できる
- [ ] リターゲティングができる（今後の対応ブラウザ動向には注意が必要）
- [ ] クリエイティブ、出稿量、出稿期間によってブランドリフト効果が期待できる
- [ ] リアルタイムで成果を分析・把握し、PDCAを回すことができる

できないこと

- [ ] ターゲットの大半がニーズ潜在層であるため、CTRとCVRは低い（リスティング広告と比べてCPCが高く、CVRは低く、CPAが高い）
- [ ] 2024年後半〜2025年にはGoogle ChromeでもサードパーティーCookieによるリターゲティングはできなくなる可能性が高い（AppleのSafariではすでにできない）

効果測定指標

KGI	KPI
認知率、興味喚起率、購入意向、想起率（想起順位）など	imp数、CTR、誘導数、CPC、CV数、CVR、CPA、ROAS[3]など

誤解しがちなこと・注意すべきこと

- [ ] CTRが低くてもCVRが高くCPAが低い場合があるため、単一指標だけで判断しないようにしたい
- [ ] アトリビューション分析は、デジタルで取得可能なデータの範囲内での計測結果であるため、真の経路ではなく「データで計測可能な範囲での経路」と解釈しないと、広告効果を過大解釈するリスクがある

推奨併用施策

- [ ] リターゲティング広告：クリックや検索をしたターゲットの再想起を促すことができる
- [ ] リスティング広告（➡施策13）：ニーズ顕在層の効率的収穫を補完することができる

※3　Return On Ad Spend（%）＝売上÷広告費×100

04 動画広告

より豊かな表現で世界観を訴求

| 潜在顧客 | 認知 | 興味 | 理解促進 | 比較検討 | 購入 | 再想起 | 再購入 | ロイヤル化 |

想起

好意・信頼

テレビCM
OOH／交通広告
ディスプレイ広告　動画広告
バズキャンペーン
トップインフルエンサー活用
戦略PR（空気づくり／パーセプションチェンジ）
パブリシティ
体験機会型コンテンツマーケティング（刺り出し体験型）
タッチ＆トライイベント　サンプリング　販促イベント
SNS公式アカウント
SNS広告
新聞広告
署名記事タイアップ
DM　カテゴリー／ブランドインフルエンサー活用
リスティング広告　クーポン
Webサイト　LP
タイムライン型UGC　レビュー型UGC　チラシ
店頭そのもの／インストアマーチャンダイジング
EC／リテール広告
人的セールス
ライブコマース
オンライン接客

テレビCM
OOH／交通広告
ディスプレイ広告　動画広告
バズキャンペーン
トップインフルエンサー活用
パブリシティ
エンゲージメント型コンテンツマーケティング
販促イベント
SNS公式アカウント
SNS広告
メルマガ／LINE
ポイントカード／スマホ会員アプリ
DM
ファンイベント
ファンクラブ／ファンコミュニティ
紹介促進キャンペーン
顧客サポート
チャットボット

※凡例
□ リアル施策
▨ デジタル施策
□ 両方

主な対応課題

□ テレビCMの補完または代替としてリーチを広げ認知率を高めたい

□ リッチコンテンツでブランディング（知覚品質の向上やブランド連想の拡大・強化）を図りたい

できること

□ テキストや画像よりもリッチな表現でブランドの世界観を訴求することができる

できないこと

□ ディスプレイ広告同様、ニーズ潜在層へのインプレッションが多いため、ニーズ顕在層の効率的獲得には向かない

□ 制作費がかさむため、広告配信先の文脈に合ったクリエイティブ調整や、細かなA/Bテストに限度がある

効果測定指標

KGI	KPI
広告認知率、商品認知率、興味喚起率、好意度、特徴理解度、購入意向など	imp数、再生回数、完全視聴率、CTR、サイト誘導数、CPC、CV数、CVR、CPAなど

誤解しがちなこと・注意すべきこと

□ 動画だからバズる可能性が高まるわけではない

□ テキストや画像よりも制作費がかさむことに加え、ブランディング広告の場合は効果の遅滞（遅延浸透効果）が発生するため、短期的なCPA効率は悪く出る

推奨併用施策

□ 他の広告施策：視認率や再想起性を高めることができる

□ パブリシティ（➡施策07）：有名タレントなどを起用する場合はEarnedメディアでも訴求したい

バズキャンペーン

SNSの拡散力でリーチを拡大

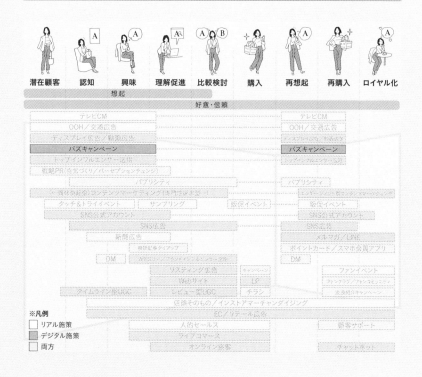

	潜在顧客	認知	興味	理解促進	比較検討	購入	再想起	再購入	ロイヤル化

主な対応課題

- □ SNSの拡散力を活用してリーチを増やしたい（広告の投下量では競合に勝てない）
- □ ブランドエンゲージメントを高めたい（一般的な広告クリエイティブや商品パブリシティでは顧客の感情を動かせていない）

できること

- □ SNSの拡散力によってリーチを拡大させることができる
- □ 強い驚き、笑い、共感、感動コンテンツによってブランドエンゲージメントを高めることができる
- □ 大きなバズが発生した場合、最寄品や数千円程度の買回品に限り、売上が向上することがある

できないこと

☐ 共有は「行動」、拡散は「状態」であるため、拡散するかしないか、どの程度拡散するかはコントロールできない

☐ バズの伝播経路はユーザー次第であり、偶然性が高いため詳細なターゲティングをすることはできない

☐ バズるのは「ネタ」であるため、必ずしも「商品そのもの」の特徴理解や信頼性が向上するわけではない

☐ バズネタはSNSのタイムライン上で完結するコンテンツが多いため、必ずしもサイト集客力が向上するわけではない（ネタによって検索経由でサイト集客が増加するケースはある）

効果測定指標

KGI	KPI
好意度、再想起率、購入意向など	リーチ、エンゲージメント、リプライや引用リポストの内容や文脈（ポジネガ）

誤解しがちなこと・注意すべきこと

☐「頑張れば70〜80％の確率でバズは起こせる」と考える人が少なくないが、実際は「どんなに頑張ってもバズが起こる確率は10％程度」と考えておこう（再現可能性は低い）

☐ POSが動くレベルのバズ規模は、X（旧Twitter）の場合、数万リポスト（引用含む）、数十万いいね、数千万インプレッション以上。それ以下は「プチバズ」で、スタートアップや中小商店などを除き、売上向上効果を実感することはないと考えた方がいい

推奨併用施策

☐ 公式アカウント（➡施策10）：バズコンテンツを投稿する起点となる

☐ SNS広告（➡施策11）：認識されないものはバズらないため、初動段階はSNS広告によって一次リーチを広げる

☐ パブリシティ（➡施策07）：バズが発生した場合「ネットで話題です」とマスPRに取り上げてもらう

戦略PR

売れる空気をつくる

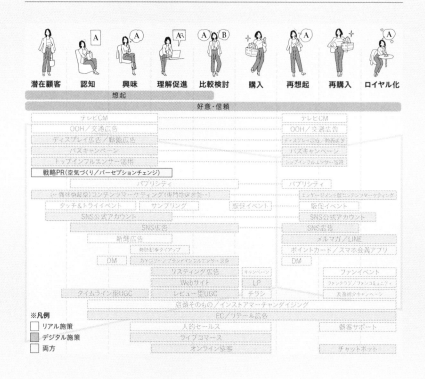

主な対応課題

□ テレビCMなどのマス広告を出稿する前に「売れる空気」をつくっておきたい

□ 新しいパーセプションをつくる、または既存のパーセプションを変えることで顧客の行動変容を促したい

できること

□ 広告ではなく「関心テーマ」がメディアを通じて露出されるため、興味喚起や話題化がされやすい

□ メディアが報道・情報・記事として取り上げるため、売れる空気（≒○○ブーム）や、パーセプションチェンジ（≒○○だと思ってたけれど実は□□）が起こしやすい

できないこと

□ Earnedメディアのため、放送・掲載の可否、露出の回数、時期、内容、文脈などについてコントロールすることはできない

□ メディアが取り上げるのは事実、事象、話題、時事性、新規性、独自性などのため、必ずしも自社商品そのものが取り上げられるわけではない

効果測定指標

KGI	KPI
テーマの認知度や興味喚起度、利用や購入意向、パーセプションの変容など	メディア掲載数、延べリーチ、SNSのUGC数、検索数など

誤解しがちなこと・注意すべきこと

□ 短期間かつ低コストで実行可能と誤解されがちだが、実際は最低半年から1年以上、金額として数千万円以上かけないと「売れる空気づくり」やパーセプションチェンジを起こすことは難しい

□ 自社の商品が露出される商品パブリシティではない

推奨併用施策

□ 各種広告：PRによって世の中の興味喚起や好意的な認識を創造した後、広告によって自社商品を訴求する

□ Webサイト（➡施策14）やコンテンツSEO：「話題→一般検索」が発生するため、予め検索ワードを類推し、自社サイトに流入してもらう経路を作っておく

□ 店頭マーケティング（➡施策17）：戦略PRによって○○ブームをつくる場合、売り場でも（小売店と連携して）○○コーナーを設け自社商品の売上拡大を図りたい

パブリシティ

メディアを通じて興味・好意・信頼を獲得

潜在顧客　認知　興味　理解促進　比較検討　購入　再想起　再購入　ロイヤル化

想起

好意・信頼

テレビCM		テレビCM
OOH／交通広告		OOH／交通広告
ディスプレイ広告／動画広告		ディスプレイ広告／動画広告
バズキャンペーン		バズキャンペーン
トップインフルエンサー活用		トップインフルエンサー活用
戦略PR（空気づくり／パーセプションチェンジ）		
パブリシティ		パブリシティ
(→興味喚起型)コンテンツマーケティング（事例・比較系）		（トレンド型）コンテンツマーケティング(トレンド型)
タッチ＆トライイベント｜サンプリング｜販促イベント		販促イベント
SNS公式アカウント		SNS公式アカウント
SNS広告		SNS広告
新聞広告		メルマガ／LINE
雑誌記事タイアップ		ポイントカード／スマホ会員アプリ
DM｜カテゴリー／ブランドコンテンツサイト		DM
リスティング広告｜キャンペーン		ファンイベント
Webサイト｜LP		ファンクラブ／ファンコミュニティ
タイムライン型UGC｜レビュー型UGC｜チラシ		友達紹介キャンペーン
店頭そのもの／インストアマーチャンダイジング		
EC／リテール広告		
人的セールス		顧客サポート
ライブコマース		
オンライン接客		チャットボット

※凡例
□ リアル施策
■ デジタル施策
□ 両方

第3部　〈点〉を理解する

主な対応課題

□ 興味を喚起したい

□ 好意度や信頼度を向上させたい

できること

□ 同じ「新商品情報」でも、メディアが報道や記事として取り上げるため、広告よりも興味喚起を促しやすい

□ 第三者のメディアを通じて紹介されるため、好意や信頼を獲得しやすい

□ マスメディアに取り上げられれば、多くの人に情報を届けることができる

□ 話題性のある企画がつくれれば、SNSでの波及効果を得ることができる

できないこと

☐ Earnedメディアのため、放送・掲載の可否、露出の回数、時期、内容、文脈などについてコントロールすることはできない

効果測定指標

KGI	KPI
商品の認知度や興味喚起度、好意度や信頼度、特徴理解度、利用・購入・来店意向など	メディア掲載数、延べリーチ、SNSのUGC数、指名検索数、記事の論調、SNS投稿のポジネガなど

誤解しがちなこと・注意すべきこと

☐ 予算がなくても実施できると誤解されがちだが、実際はメディアに取り上げてもらうための企画の練り込み、リリース作成、メディアリレーションズなどに一定の労力とコストがかかる

☐ リリースを出せば一定のメディア露出が得られると誤解されがちだが、テレビのニュース番組、情報番組、主要ネットメディアで放送・掲載されるハードルは極めて高い

推奨併用施策

☐ 各種広告：パブリシティでの露出に合わせて広告出稿を行い、意識・態度変容の強化・補完を行う

☐ Webサイト（➡施策14）やリスティング広告（➡施策13）：「話題→指名検索」が発生するため、リスティング広告によるWebサイト流入強化や、「サイトでの特徴理解促進→コンバージョン」の準備を進めておく

☐ 店頭マーケティング（➡施策17）：配荷、インストアプロモーションと連携し、ブランド指名購買客や店内でのパブリシティ想起購買客を取りこぼさないよう注意したい

コンテンツマーケティング

無関心層の興味喚起／関心層の信頼獲得

潜在顧客	認知	興味	理解促進	比較検討	購入	再想起	再購入	ロイヤル化

想起

好意・信頼

- テレビCM
- OOH／交通広告
- ディスプレイ広告／動画広告
- バズキャンペーン
- トップインフルエンサー施策
- 戦略PR（空気づくり／パーセプションチェンジ）
- パブリシティ

テレビCM
OOH／交通広告
ディスプレイ広告／動画広告
バズキャンペーン
トップインフルエンサー施策
パブリシティ

（←興味喚起型）コンテンツマーケティング（専門性訴求型→）　　エンゲージメント型コンテンツマーケティング

- タッチ＆トライイベント
- サンプリング
- 販促イベント
- SNS公式アカウント
- SNS広告
- 新聞広告
- メルマガ／LINE
- ポイントカード／スマホ会員アプリ
- DM
- 動画CM等タイアップ
- コミュニティ／ブランデッドインフルエンサー施策
- リスティング広告
- キャンペーン
- Webサイト
- LP
- タイムライン型UGC
- レビュー型UGC
- チラシ
- 店舗そのもの／インストアマーチャンダイジング
- EC／リテール広告
- 人的セールス
- 顧客サポート
- ライブコマース
- オンライン接客
- チャットボット
- ファンイベント
- ファンクラブ／ファンコミュニティ
- お得意様キャンペーン

※凡例
- □ リアル施策
- ▨ デジタル施策
- □ 両方

主な対応課題

□ 自社商品に対する無関心層の興味を喚起したい

□ 信頼度を向上させることによって問い合わせ数を増やしたい

□ 「そのうち客」の育成（想起集合入り）がしたい

できること

□ 広告に反応しない無関心層に対し、コンテンツでアプローチすることによって一定の興味喚起を行うことができる

□ 自社が持つノウハウを継続的に発信することによって、新規顧客に対しては信頼度の向上および問い合わせ意向の向上や問い合わせ数の増加を、既存顧客に対しては継続契約意向の向上を図ることができる

□ 各種お役立ち情報を届けることで、継続購入・契約率の向上やクロスセル・アップセルを図ることができる

できないこと

□ 興味がある人しか読まないコンテンツ設計によって一定のターゲティングを行うことはできるものの、どんな人に、どのくらい読んでもらえるか、自社でコントロールすることはできない

□ 効果を実感するまでには最低半年から1年程度の時間がかかるため、短期的な「いますぐ客」の獲得には向かない

効果測定指標

KGI	KPI
興味喚起率、信頼度、問い合わせ意向、問い合わせ件数、契約意向、想起率、指名検索数、継続契約意向など	コンテンツPV、読了率、サイトPV／UU、メルマガ会員／LINE友だち数など

誤解しがちなこと・注意すべきこと

□ 成果が出始めるまで時間がかかる（そのためスポットでの運用には向かない）

□ 短期的な収穫効率だけで見ると、CPAはリスティング広告の数倍～数十倍になることが多い

□ コンテンツのフリをした商品説明や広告は見向きもされない（価値のあるコンテンツでなければ効果は出ない）

推奨併用施策

□ コンテンツSEO：コンテンツマーケティングに含まれるものではあるが、ユーザーの検索意図や検索ワードを加味したコンテンツ設計を行うべき

□ Webサイト（➡施策14）：コンテンツを読んだ読者が問い合わせをしたくなった際、迷わずすぐに行動に移せるよう、CTA（Call to Action：問い合わせボタンやチャットなど）をわかりやすく配置しておく

□ SNS広告（➡施策11）：ターゲットリーチを拡大・増加させるため、SNS広告をうまく活用したい

イベント

ブランドの体験価値を伝える

| 潜在顧客 | 認知 | 興味 | 理解促進 | 比較検討 | 購入 | 再想起 | 再購入 | ロイヤル化 |

想起

好意・信頼

テレビCM　／　テレビCM
OOH／交通広告　／　OOH／交通広告
ディスプレイ広告／動画広告　／　ディスプレイ広告／動画広告
バズキャンペーン　／　バズキャンペーン
トップインフルエンサー起用　／　インフルエンサー起用
（美容PR）空気づくり／パーセプションチェンジ
パブリシティ　／　パブリシティ
（関与促進型）コンテンツマーケティング（本物は連載型）　／　コンテンツマーケティング

タッチ＆トライイベント　サンプリング　販促イベント　販促イベント

SNS公式アカウント　／　SNS公式アカウント
SNS広告　／　SNS広告
新聞広告
メルマガ／LINE
ポイントカード／スマホ会員アプリ
DM　／　DM
リスティング広告　キャンペーン　ファンイベント
Webサイト　LP　ファンクラブ／ファンコミュニティ
タイムライン型UGC　レビュー型UGC　チラシ　友達紹介キャンペーン
店頭そのもの／インストアマーチャンダイジング
EC／リテール広告
人的セールス　顧客サポート
ネットコマース
オンライン接客　チャットボット

※凡例
リアル施策
デジタル施策
両方

主な対応課題

□ トライアル顧客を増やしたい

□ ブランドの体験価値を伝えることで購入意向を向上させたい

　できること

□ 集客力のある街や商業施設などでイベントを行うことにより、幅広い層にアプローチすることができる

□ 実際に見る、触る、聞く、食べる・飲む、使う、やる、乗るなどの実体験を通して、広告や店頭だけでは不可能な深いブランドコミュニケーションを行うことができる

できないこと

- □ イベント内容にもよるが、テレビCMやディスプレイ広告のような幅広いリーチや数百万、数千万インプレッションを獲得することはできない（イベントは「広く浅く」ではなく「狭く深い」施策）
- □ イベントを開催する場所によってある程度のターゲティングを行うことはできるが、デジタル広告のような細かいターゲティングはできない
- □ 招待客だけが参加するクローズドイベントを除き、イベントで接触する顧客の数はコントロールできない（天候などによる上下動も激しい）

効果測定指標

KGI	KPI
認知率、興味喚起率、特徴理解率、トライアル購入意向など	接触数、参加数、アンケート（もしくはリード）回収数など

誤解しがちなこと・注意すべきこと

- □ 広告のインプレッション単価が0.1〜10円なのに対し、イベントでの深い接触単価は数百〜数万円と高額なため「イベントでなければ解決不能」な課題があるとき（狭くても深いブランドコミュニケーションが必要な場合）だけ実施することが望ましい
- □ 事前準備と当日のオペレーションには相当な準備、労力、費用がかかる
- □ 一方、五感を通して刻まれたブランド体験はそう簡単には忘れない。体験設計によって、テレビCMやデジタル広告とは次元の違う強い意識・態度変容を促すことができる

推奨併用施策

- □ 広告とパブリシティ （➡施策07）：当日の集客数を増加させるため広告やパブリシティでも告知する
- □ SNS広告 （➡施策11）：話題性のあるイベントであればSNS広告やハッシュタグキャンペーンを併用し、イベント接触者以外にも話題を広げる
- □ 店頭マーケティング （➡施策17）：トライアル顧客の購入を促す店頭での販促連携をしておきたい

SNS公式アカウント

常時接続の顧客接点を持つ

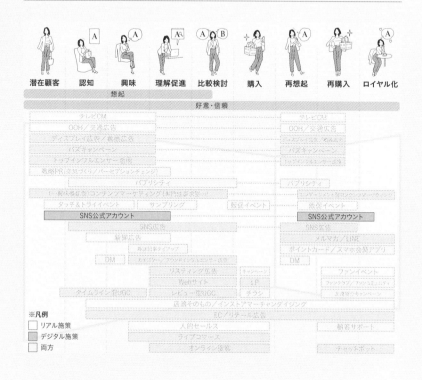

| 潜在顧客 | 認知 | 興味 | 理解促進 | 比較検討 | 購入 | 再想起 | 再購入 | ロイヤル化 |

主な対応課題

☐ オールウェイズオン（常時接続）での顧客接点を増やしたい（現在は広告出
稿時しか顧客接点が持てていない）

☐ 想起率や再想起率を高めたい（現在はスポットでの広告とパブリシティに依存
している）

できること

☐ 自社に用がないタイミングのユーザーと「広く浅く」「長く」「常時」つな
がり、接触し続けることができる

☐ ユーザーのブランドエンゲージメントを高めることで、想起率、好意度、
購入意向を高めることができる（ZMOTやTMOTに効く）

できないこと

□ SNSは「長文を読む」「長尺動画を見る」場ではなく、「短文を読む」「画像を見る」「短尺動画を見る」場であるため、深いブランドコミュニケーションには適さない

□ SNSのタイムライン（フィード）は自社に用がない人しかいない場所であるため、サイト誘導や商品購入といったコンバージョン獲得の目的には適さない（自社に用があるユーザーは検索エンジンまたはSNS検索に行く）

効果測定指標

KGI	KPI
想起率、好意度、購入意向など	フォロワー数、リーチ、imp数、エンゲージメント数／率など

誤解しがちなこと・注意すべきこと

□ 投稿内容の質を上げれば広告を出稿しなくてもフォロワーが増えると考えがちだが、近年はSNS広告を出稿しない限り多くのフォロワーを獲得することはできない

□ 一般的な投稿をしてもリポストやシェアは伸びない

□ ユーザーはSNS内で完結するコンテンツを好むため、サイト誘導を増やすことは困難

□ 取り組んですぐに成果は出ない

□ 良質かつホットな問い合わせは増えにくい

□ 短期的なプロモーション効果を得ることには向かない

推奨併用施策

□ 各種プロモーション：プロモーションやキャンペーン情報と連動してリーチを広げる

□ バズキャンペーン（➡施策05）：強いバズコンテンツの発信起点となる

□ インフルエンサーリレーションズ（➡施策12）：カテゴリーインフルエンサーやブランドインフルエンサーとつながり、良質な関係を築く接点（窓口）となる

□ SNS広告（➡施策11）：投稿にSNS広告を当てることでリーチを増やす

SNS広告

目的によって幅広い範囲をカバー

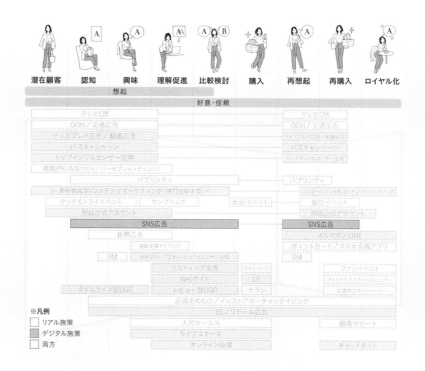

主な対応課題

- ☐ ニーズ潜在層や若年層を含めた広い層にリーチし、認知率向上や興味喚起を図りたい
- ☐ 高いターゲティング精度で広告を打ちたい
- ☐ サイト集客力の向上や商品販売力の強化を図りたい

できること

- ☐ ユーザーの興味関心に合った精度の高いターゲティングを行うことができる
- ☐ ニーズ潜在層や新規顧客にリーチし、認知率向上や興味喚起を促進することができる

- □ SNSのプラットフォーム特性に合ったクリエイティブを企画制作することによって、興味喚起力やクリック率を高めることができる
- □ サイト集客力、各種申込や資料請求の獲得、商品販売力の強化が図れる
- □ 低予算で始めることができる
- □ 始めてすぐに成果を得ることができる
- □ リアルタイムで成果を分析・把握し、PDCAを回すことができる

できないこと

- □ SNSの非利用者にはリーチできない
- □ 高齢者層へのリーチには向かない
- □ ディスプレイ広告やリスティング広告同様、運用とPDCAの手間がかかる

効果測定指標

KGI	KPI
認知率、興味喚起率、 LP誘導数、コンバージョン （アクション獲得）数など	imp数／率／単価、 クリック数／率／単価、 エンゲージメント数／率／単価 など

誤解しがちなこと・注意すべきこと

- □ 「SNS広告はユーザーによる拡散が行われるため二次・三次リーチが得られる」と謳われるケースがあるが、実際にはSNS広告が拡散するケースはほとんどない（Xのトレンドテイクオーバー〔旧プロモトレンド〕でフォロー＆リポストキャンペーンを行う場合を除く）

推奨併用施策

- □ 各種広告：1箇所で複数回接触するよりも複数箇所で多面的に接触した方が効果が上がりやすいため、テレビCM、YouTube広告、ディスプレイ広告など複数の広告と併用する
- □ Webサイト（LP）（➡施策14）：可能であれば各SNSプラットフォームの文脈に合ったクリエイティブを作り、それぞれのLPにランディングさせることでコンバージョン（アクション獲得）効率を高めたい

インフルエンサーマーケティング

影響者を通じて興味・好意・信頼を獲得

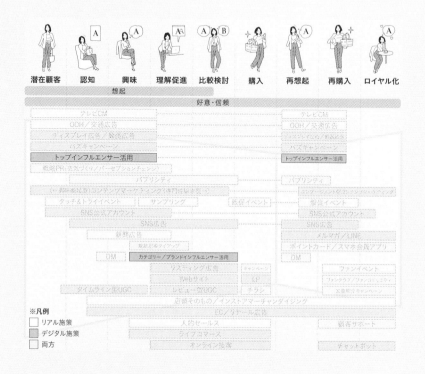

主な対応課題

□ 低関与層や潜在層にリーチし、興味を喚起したい

□ 他ブランド利用者の興味を喚起し、ブランドスイッチを促したい

できること

□ トップインフルエンサー：多くのフォロワーにリーチし、興味を喚起する
　ことができる

□ カテゴリーインフルエンサー：「その道の有名人」に投稿してもらうこと
　により、興味喚起や信頼度および購入意向の向上を図ることができる

□ ブランドインフルエンサー：共同で商品開発したり、熱量の高いコメントをオウンドメディアや広告素材として活用したりすることで、プロモーション効果を高めることができる

できないこと

□ デジタル広告のような細かいターゲティングを行うことはできない

□ インフルエンサーが投稿する内容を完全にコントロールすることはできない（しない方がいい）

□ ユニークなタグつきURLをインフルエンサーごとに発行しない限り、細かな効果検証を行うことはできない

効果測定指標

KGI	KPI
興味喚起率、特徴理解率、 購入意向など （トップインフルエンサーの場合、参考 として認知率を取るのはいい）	imp数、エンゲージメント数／率、 クリック数／率／単価など

誤解しがちなこと・注意すべきこと

□ インフルエンサーに投稿してもらえれば拡散効果が得られると誤解されがちだが、実際は共有されることはあっても拡散状態になることは稀

□ インフルエンサーが投稿すればフォロワーがこぞって商品を購入してくれると思われがちだが、売れる商品は衝動購買が起こりやすい数百〜数千円の商品が大半

推奨併用施策

□ SNS広告（➡施策11）：起用するインフルエンサーと同じプラットフォームでSNS広告を打ち、接触頻度を高める

□ Webサイト（LP）（➡施策14）：インフルエンサー投稿をクリックして訪れるユーザーが商品理解を深め、アクションに移行しやすいキャンペーン設計やLPを作り込んでおきたい

リスティング広告

いますぐ客を効率的に獲得

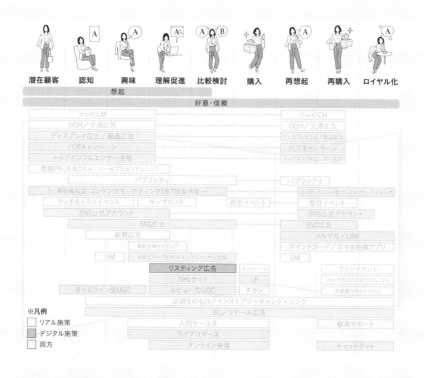

主な対応課題

- ☐ ニーズ顕在層（いますぐ客）にリーチして新規顧客獲得数を増やしたい
- ☐ 収穫（顧客獲得）効率を高めたい（CPAを下げたい）

できること

- ☐ ニーズ顕在層（いますぐ客）にリーチすることができる
- ☐ 低予算で始めることができる
- ☐ 始めてすぐに成果を得ることができる
- ☐ リアルタイムで成果を分析・把握し、PDCAを回すことができる

できないこと

- ☐ 検索をしないニーズ潜在層にはリーチできない

□ 多くの顧客を安い単価で獲得することはできない（多くの顧客が検索する人気ワードは競争が激しく単価が上昇するためCPAは上がってしまう）

□ 長期にわたって高い獲得効率を維持することは容易ではない（長期かつ大量に出稿すると収穫効率は徐々に逓減する）

効果測定指標

KPI	KGI
imp数、CTR、CVR、CPC、CPA、ROAS	リスティング広告はKGI＝KPIとされることが一般的

誤解しがちなこと・注意すべきこと

□ リスティング広告の効果は管理画面に表示されるコンバージョンがすべてだと誤解されがちだが、「テレビCMの残存効果で検索・クリックした」「ECではなくお店で買った」「違うデバイスで購入した」「1ヶ月後や半年後に購入した」などはトラッキングできないため、管理画面上には出てこない

□ 管理画面には表示されないが、計測・測定できていないものがあることを忘れないようにしたい

推奨併用施策

□ Webサイト (LP) (➡施策14)：リスティング広告をクリックして訪れるユーザーが商品理解を深め、アクションに移行しやすいようにキャンペーン設計やLPを作り込んでおきたい

□ リターゲティング広告：サイト訪問者に対して広告を出稿し、再訪と購入を促す（フリークエンシーキャップ[※4]は必須）[※5]

第7章　主要施策の「できること」と「できないこと」

※4　ディスプレイ広告や動画広告が同じユーザーに表示される回数を制限する機能。

※5　2024年後半〜2025年にはGoogle ChromeでもサードパーティーCookieによるリターゲティングはできなくなる可能性が高い（AppleのSafariではすでにできない）。

Webサイト

自社の強みや特徴の理解を促進

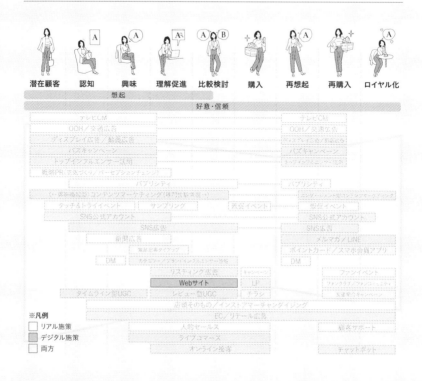

主な対応課題

☐ 商品の特徴理解を促進させたい

☐ アクション（資料請求、問い合わせ、予約、商品購入など）を促したい

　できること

☐ 自社に一定の興味を持ったニーズ顕在層に対して、強みの伝達や商品の
　特徴理解を促進することができる

☐ ページ数や枠に限度がないため（情報設計やユーザーの関与度にもよるが）、
　詳しい情報を届けることができる

　できないこと

☐ 自社に興味がない層、またはニーズ潜在層は訪問してこない

□ 待っているだけでは誰もやってこない（広告、パブリシティによる指名検索、コンテンツマーケティング、メルマガやLINEなどに取り組まない限り訪問者は増えない）

効果測定指標

KGI	KPI
特徴理解率、好意度や信頼度、問い合わせ意向／数、契約意向、購入意向など	セッション数、PV／UU、流入ワード、直帰率、コンバージョン数／率など

誤解しがちなこと・注意すべきこと

□ 訪問者の大半はすでに自社のことを知っており、一定の興味がある層であるため、Webサイトの役割は認知獲得や興味喚起ではなく、特徴理解の促進による契約や購入意向の向上およびアクションの獲得と考えた方がいい

□ 商材にもよるが、「美しさ」や「かっこよさ」より「わかりやすさ」を重視した方が成果が出やすい

□ 自社に用がないニーズ潜在層（そのうち客）とは接触しづらいため、中長期にわたって良質なニーズ顕在層（いますぐ客）の訪問を増やすためには、別の場所で関係値をつくっておく必要がある

推奨併用施策

□ リスティング広告（➡施策13）：ニーズ顕在層が訪れやすい入口をつくっておく

□ コンテンツマーケティング（➡施策08）：ニーズ潜在層を含めたターゲットの認知や信頼を獲得しておくことにより、ニーズが顕在化した際、真っ先に指名検索をしてもらえるよう想起集合に入っておく

□ SNS公式アカウント（➡施策10）：長期にわたってゆるやかにつながっておくことにより、ニーズ顕在時に指名検索してもらえるようエンゲージメントを高めておく

タイムライン型UGC

話題化で想起と再想起性を高める

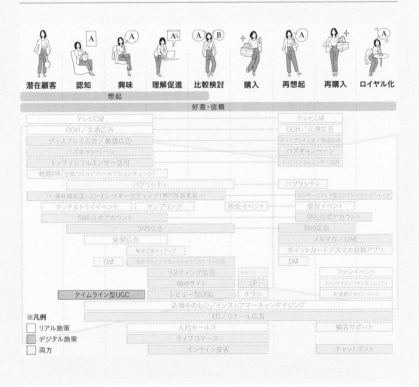

主な対応課題

□ SNSで話題化して興味を喚起したい

□ 再想起性を高めて「久しぶりの購入」を促したい（＝思い出してもらうまでのZMOTを刺激したい）

□「ネットで話題の〜」をつくってマスPRにつなげたい

できること

□ 購入頻度が高く低価格の最寄品は、UGC量増加が来店や売上に影響する

□「気になる！」「飲みたい・食べたい・行きたい・観たい」に代表される期待・意向型UGCや「飲んだ・食べた・来た・観た」に代表される報告型UGCが増えれば、トライアル顧客の来場・購入意向を向上させられる

☐ SNSの話題がマスPRで紹介されれば、認知・興味喚起・再想起・購入意向の向上力を高めることができる

できないこと

☐ 意図的にUGC量を増やすことは容易ではない（フォロー＆リポストや投稿促進キャンペーンによってUGC量は増やせるが限度がある）

☐ SNSへの投稿モチベーションがわかない新規性や話題性に乏しい商品はUGCが生まれづらい

☐ 買回品や専門品の場合、タイムライン型UGCの売上への影響は小さい（購入頻度が低いとUGC量が少なく、UGC接触と購買タイミングが合致しづらい）

☐ UGCの内容（ポジネガや文脈）をコントロールすることはできない

効果測定指標

KGI	KPI
興味喚起率、再想起率、来場・購入意向など	UGC数、想定imp数、指名検索数、サイト誘導数、UGCのポジネガなど

誤解しがちなこと・注意すべきこと

☐ UGC量が売上に影響を与える商品カテゴリーは、購入頻度が高く価格が安い最寄品、来店頻度が高く比較的安価な飲食店、音楽や映画などのエンターテインメント商材などに限られる

☐ 同じ最寄品でもお菓子やアイスはUGCが生まれやすく、洗剤や薬は生まれにくい。UGCの投稿モチベーションは商品カテゴリーによって異なるため、一律で考えると失敗しやすい

推奨併用施策

☐ バズキャンペーン（➡施策05）：新商品発売などに合わせたバズキャンペーンでUGC量を増やす（Xのトレンドテイクオーバーを併用するといい）

☐ フォトスポット：観光地や遊園地などリアル接点がある場合はフォトスポットを用意し、「写真撮影→SNS投稿」を促進する

☐ パブリシティ（➡施策07）：大きな話題が見込める（または発生した）場合はマスPRを行い波及効果を拡大させる

16 レビュー型UGC

購入者の満足度をアピール

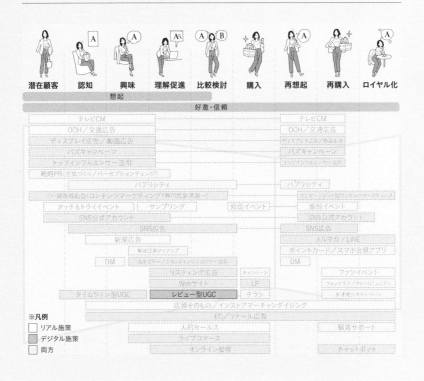

潜在顧客　認知　興味　理解促進　比較検討　購入　再想起　再購入　ロイヤル化

主な対応課題

☐ レビューを増やすことで「売れている」ことをアピールしたい

☐ 高い評価を得ることで新規顧客のトライアル購入率を高めたい

できること

☐ 他の商品より多くのレビューがついていることで「売れている」ことが伝わり、興味を喚起できる

☐ 高い評価がつくことで「購入者がみんな満足している（＝買って後悔しない）」ことが伝わり、購入意向を高めることができる

できないこと

- □ レビューの量や評価をコントロールすることはできない（プレゼントやクーポンを提供する代わりに商品購入〔到着〕前にレビューを書いてもらうなどの行為は、Googleマイビジネス、Amazon、楽天などのガイドラインで禁止されている）
- □ よほど新規性や製品パフォーマンスが高い商品でない限り、高い評価がバズることはめったにない（レビュー型UGCはサイトにストックされ、ニーズ顕在者の検索によって視認されるものであり、商品に関する良い評判がSNSのタイムライン型UGCとして広がる可能性は極めて低い）

効果測定指標

KGI	KPI
特徴理解率、好意、信頼、購入意向など	レビュー数、平均評価点数※6など

誤解しがちなこと・注意すべきこと

- □ 粗品プレゼントやクーポンを提供し、レビュー数を強制的に増やそうとする行為は景表法やECプラットフォームのガイドラインに抵触する可能性があるため注意が必要
- □ やらせ、なりすまし、サクラ行為は見破られて炎上する可能性が高く、コンプライアンス違反となるため絶対に行ってはならない
- □ レビュー型UGCはお客様にご満足いただけたかどうかの「結果」であり、望む結果が得られていない場合は表面的に解決しようとせず「製品そのもののパフォーマンス」を向上させる努力を行うべき

推奨併用施策

- □ お客様にご満足いただける製品開発または製品改善
- □ ソーシャルリスニング：お客様の声を聞き、開発や改善につなげる
- □ CRM：ポイントやマイルを付与することで購入顧客のレビュー投稿率を高める

※6　レビュー型UGCは、他の施策のように「自社で直接コントロールすることはできない」ため、KGIやKPIはあくまで参考指標にとどめておいた方がいい。

店頭／EC

適切なチャネルで売上を向上

| 潜在顧客 | 認知 | 興味 | 理解促進 | 比較検討 | 購入 | 再想起 | 再購入 | ロイヤル化 |

想起

好意・信頼

- テレビCM ／ テレビCM
- OOH／交通広告 ／ OOH／交通広告
- ディスプレイ広告／動画広告 ／ ディスプレイ広告／動画広告
- バズキャンペーン ／ バズキャンペーン
- トップインフルエンサー活用 ／ トップインフルエンサー活用
- 戦略PR（空気づくり／パーセプションチェンジ）
- パブリシティ ／ パブリシティ
- （一般論系記事）コンテンツマーケティング（専門家監修他） ／ （ソーシャル含む）コンテンツマーケティング
- タッチ＆トライイベント ／ サンプリング ／ 販促イベント ／ 販促イベント
- SNS公式アカウント ／ SNS公式アカウント
- SNS広告 ／ SNS広告
- 新聞広告 ／ メルマガ／LINE
- ポイントカード／スマホ会員アプリ
- DM ／ カテゴリー・ブランドインフルエンサー活用 ／ DM
- リスティング広告 ／ キャンペーン ／ ファンイベント
- Webサイト ／ LP ／ ファンクラブ／ファンコミュニティ
- タイムライン型UGC ／ レビュー型UGC ／ チラシ ／ 交通販促キャンペーン
- 店頭そのもの／インストアマーチャンダイジング
- EC／リテール広告
- 人的セールス ／ 顧客サポート
- ライブコマース
- オンライン接客 ／ チャットボット

※凡例
- □ リアル施策
- ■ デジタル施策
- □ 両方

主な対応課題

☐ 販売チャネルを拡大して売上を増やしたい

☐ 購買時点における販売促進力を強化して売上を増やしたい

できること

☐ 店頭：適切なチャネル政策を行うことでカバレッジを広げ、買上率を高めることができる。また、インストアプロモーションによって特にトライアル購入を喚起することができる

☐ EC：EC化率が高い商品はリアル店舗に代わる、または補完する新たな販売チャネルを手に入れることができる。また、ECは習慣購買と相性が良いため、一定の製品パフォーマンス評価を獲得できればLTVを向上させることができる

できないこと

- □ 店頭：配荷率、店内や棚における商品の配置、SKU数※7、または販売力が強いエンドでの大量陳列や販売促進などの最終意思決定権はチェーンストア側にあるため、自社が直接コントロールすることはできない
- □ EC：検索順位やレコメンドの結果はコントロールすることはできない

効果測定指標

KGI	KPI
販売個数、平均購入単価など（直営店やディーラービジネスの場合はブランドエンゲージメントやLTVも加える）	店舗の場合は配荷率、SKU数など、ECの場合はPV、セッション、CVRなど

誤解しがちなこと・注意すべきこと

- □ 食品、飲料、酒類、化粧品、医薬品などの最寄品におけるEC化率は未だ10％未満（経済産業省、2022年）のため、引き続きリアルチャネルでの販売が重要である
- □ チェーンストアも「売れる商品」を求めている。「ネットで話題」「ネットで売れている」実績があれば、大手チェーンストアへの配荷を獲得できるチャンスは大いにある

推奨併用施策

- □ 広告やプロモーション（店舗）：積極的な店外プロモーションを行う計画があると流通のバイヤーとの交渉で有利。また顧客に対する店内での広告想起購買促進効果も得られる
- □ リテール広告（EC）：ニーズ顕在者に対して、顧客の興味や過去の購買データを加味した広告を打ち、購買を喚起する

※7　Stock Keeping Unitの略で、在庫管理における最小の管理単位を指す。店頭にバーモントカレーの甘口・中辛・辛口が置いてあれば1アイテム3SKUとなる。

メルマガ／LINE

顧客と持続的な関与を

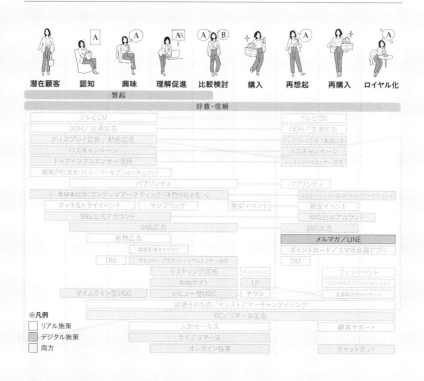

潜在顧客　認知　興味　理解促進　比較検討　購入　再想起　再購入　ロイヤル化

主な対応課題

☐ 見込み顧客の育成をしたい

☐ 既存顧客のリテンションを図りLTVを高めたい

できること

☐ 見込み顧客や既存顧客と継続的なコミュニケーションを行うことができ、
興味喚起、特徴理解、購入意向や想起率の向上を図れる

☐ 会員や友だちの興味関心、行動、購買データなどによって配信内容をカ
スタマイズできるため、ステータスに応じたきめ細かなマーケティング
を行うことができる

できないこと
- □ 自社に一定の関与を持っていないと登録してもらえない
- □ 売り込み色が強い宣伝やカスタマイズされていない一律の内容だと反応率が低い（解除・ブロックされたり迷惑メール登録されたりする可能性も高まる）

効果測定指標

KGI	KPI
新商品・新サービス認知、興味喚起率、好意・信頼、特徴理解率、問い合わせ・契約意向、購入意向、追加購入意向など	配信数、開封率、クリック数／率、コンバージョン数／率など

誤解しがちなこと・注意すべきこと
- □ 自社が「どんな内容を、どのくらいの頻度で送るか」と同じくらい、競合がどんな内容を、どのくらいの頻度で送っているかも重要。競合調査も綿密に行いたい
- □ 「配配メール」を展開するラクスの調査によれば、76％の人がメルマガ1通あたり8秒未満しか見ていない。長々と書くのではなく、1メール1メッセージに絞り、望むアクションをわかりやすくしたい

推奨併用施策

- □ コンテンツマーケティング （➡施策08）：オウンドメディアやブログ記事の更新情報を告知する
- □ SNS公式アカウント （➡施策10）：メルマガやLINE登録するほど関与度が高くない層と継続的なコミュニケーションを行い、エンゲージメントを高める

スマホアプリ

再来店や再購入を促進

潜在顧客	認知	興味	理解促進	比較検討	購入	再想起	再購入	ロイヤル化

想起

好意・信頼

- テレビCM
- OOH／交通広告
- ディスプレイ広告／動画広告
- バズキャンペーン
- トップインフルエンサー活用
- 戦略PR（空気づくり／パーセプションチェンジ）
- パブリシティ
- （興味喚起型）コンテンツマーケティング（専門記事など…）
- タッチ＆トライイベント　サンプリング　販促イベント
- SNS公式アカウント
- SNS広告
- 新聞広告
- メルマガ／LINE
- 報道型タイアップ　ポイントカード／スマホ会員アプリ
- DM　マイクロ・ブランドインフルエンサー活用　DM
- リスティング広告　キャンペーン　ファンイベント
- Webサイト　LP　ファンクラブ／ファンコミュニティ
- タイムライン型UGC　レビュー型UGC　チラシ　店頭販促キャンペーン
- 店頭そのもの／インストアマーチャンダイジング
- EC／リテール広告
- 人的セールス　接客サポート
- ライブコマース
- オンライン接客　チャットボット

※凡例
□ リアル施策
▨ デジタル施策
□ 両方

主な対応課題

□ リピート顧客との接点を増やしたい

□ 再来店や再購入を促進したい

□ 顧客の来店や購買データと連携してきめ細かなマーケティング活動を行いたい

できること

□ スマホのホーム画面に「ブランドへの入口」を常設できる

□ プッシュ通知やニュース配信によってリピート顧客の再来店や再利用を促進できる

□ 過去の利用店舗や購買データと連携することによって、顧客の居住地や興味関心、天気や気温に沿ったレコメンデーションを行える

できないこと

□ 勝手に利用者が増えるわけではない（CPI：Cost Per Install は数百円程度が相場）

□ 日常使いの小売や外食チェーンであり、かつポイントやマイルが貯まるなどのメリットがない限り、インストールまたは継続利用してもらえない

□ トライアル顧客に対する施策には向かない

効果測定指標

KGI	KPI
ARPU（Average Revenue Per User：1人あたり平均売上金額）など	インストール数、アクティブユーザー数、継続利用率、購入・来店率、エンゲージメントなど

誤解しがちなこと・注意すべきこと

□ インストール、会員登録、継続利用してもらうためには相当なマーケティング努力が必要（日本における30日間の平均維持率は5〜10％と言われている）

□ OSの仕様変更に対応し続けるために相応の保守・メンテナンスコストがかかる

推奨併用施策

□ Webサイト（➡施策14）：更新頻度が高い情報発信はWebサイトの方が適している

□ メルマガ／LINE（➡施策18）：リピート顧客の再来店・再購入促進はメルマガやLINEでも実施可能

□ SNS公式アカウント（➡施策10）：幅広いリピート顧客層全般とはSNS公式アカウントでリテンションを図る

ファンマーケティング

マーケティングを共創する

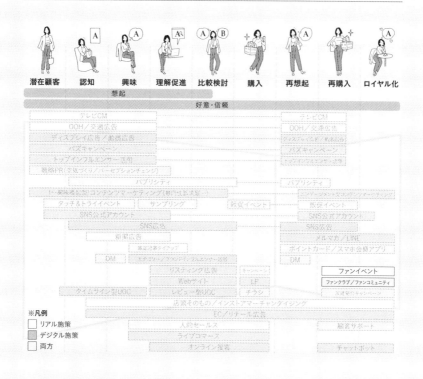

主な対応課題

□ 既存顧客のLTVを高めたい

□ 既存顧客の推奨経由で新規顧客を獲得したい

□ 新規顧客の意識・態度変容を促すコンテンツやレビューを増やしたい

できること

□ 商品やブランドのレピュテーションを向上させられる

□ ロイヤルティを高めることでLTVを向上させられる

□ ファンの推奨によって新規顧客を獲得できる

□ オウンドメディアなどに登場してもらうことによって新規顧客の意識・態度変容を促せる

□ 熱狂的なファンになった経緯や商品に望むことなどをリサーチし、今後のマーケティング戦略や戦術を練る際のヒントを得られる

□ 社内報などに登場してもらうことによって社員のエンゲージメント向上や「働きがい」の創出を図れる

できないこと

□ 1人のファンから得られる収益には限度があり、一部のファンは毎年一定割合で必ず離反してしまうため、ファンマーケティングだけで売上を維持・向上できない（新規顧客獲得施策との併用が必須）

□ 単価が安い最寄品の場合、ファンの推奨によって得られる収益は限定的で、広告などによるライトユーザーの獲得も重要となる

効果測定指標

KGI	KPI
ファン本人：熱狂度、 継続購入意向、LTV、NPS、 推奨行動、推奨人数など コンテンツ：特徴理解率、 購入意向など インターナルコミュニケーション： 従業員エンゲージメントなど	KGIによって様々 （ファン数、接触頻度など）

誤解しがちなこと・注意すべきこと

□ 単年度のROI算出では「元が取れない」ケースが大半となる（ファンマーケティングの真の価値はLTVの向上や新規顧客獲得効果だけではない）

□ ファンマーケティングと相性が良い商品カテゴリーと悪い商品カテゴリーがある（価格が安く、関与度が低い最寄品には向かない）

推奨併用施策

□ メルマガ／LINE（➡施策18）：開発秘話やお役立ち情報、活用裏技などを届け、ロイヤルティや継続購入意向、クロスセルやアップセルを促す

□ SNS公式アカウント（➡施策10）：幅広いリピート顧客層全般とゆるやかにつながり続け、想起率、好意度、購入意向を高める

第 **8** 章

施策の効果を正しく測定する

本書の最後に、効果測定について解説します。

「何のために」「いくらの予算を使って」「どんな効果があったのか」を示す効果測定は、すべてのマーケティング従事者にとっての最重要事項でありながら、企業や部署や個人によって測定法や解釈の仕方に大きな違いがあり、それが大いなる混乱の元となっています。

正しい効果測定は正しい診断と処方から

なぜ、「何のために」「いくらの予算を使って」「どんな効果があったのか」を測定し、正しく解釈をすることができないのでしょうか。その理由の大部分は「正しく解釈するための知識が不足していること」が要因です。

そもそも、**効果測定とは「それぞれの施策の成果が、目標数値に対してどのような結果だったのか」を測定するだけのこと**です。何も難しいことはありません。難しいのは——本書で再三にわたって述べてきた通り——施策の結果云々の前に、ズレていることが多すぎるのが原因です。

効果の解釈は、図8-1に示す6つのケースのいずれかに当てはまります。ひとつずつ見ていきましょう。

第3部 〈点〉を理解する

254

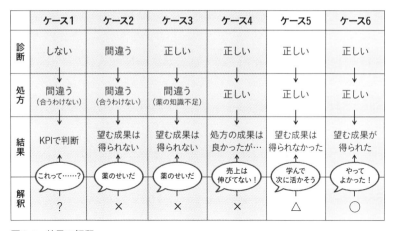

	ケース1	ケース2	ケース3	ケース4	ケース5	ケース6
診断	しない	間違う	正しい	正しい	正しい	正しい
処方	間違う (合うわけない)	間違う (合うわけない)	間違う (薬の知識不足)	正しい	正しい	正しい
結果	KPIで判断	望む成果は 得られない	望む成果は 得られない	処方の成果は 良かったが…	望む成果は 得られなかった	望む成果が 得られた
解釈	これって……? ?	薬のせいだ ×	薬のせいだ ×	売上は 伸びてない! ×	学んで 次に活かそう △	やって よかった! ○

図8-1 効果の解釈

［ケース1］

診断をすっ飛ばして処方をしてしまうケース。

［例］

- 診断：なし
- 処方：流行りのTikTokを使ってZ世代へのブランディングを強化しよう
- 結果：再生数やコメント率など
- 解釈：これって成功なの？　失敗なの？（これって何のためにやったんだっけ……）

［解説］

- 「診断をしていない＝目的がない」状態のため、何をやっても結果の解釈ができない
- こうしたケースではたいていKPIしか設定されていない。KPIは、どんなに数値が高くても「だから何なんだっけ……」となりがち
- KPIだけでは成功か失敗か解釈できないため、施策終了「後」に後付けで「売上効果」が見られるケースが多い
- そして、売上があがっていないと「話題にはなったけど"売り"にはつながらなかった」と結論付けられることが少なくない

［ケース2］

　診断（課題設定）が間違っているため、処方（実行施策）も間違い、成果が出るわけがない状態。

［例］

- 診断：今期の売上が足りないのはブランディングが足りないからだ
- 処方：ブランディング広告を打とう
- 結果：今期売上が増えない
- 解釈：ブランディングなんて意味ないじゃないか！

［解説］

- 今期の売上が足りていないのはブランディング不足だけが要因ではない可能性が高い（診断の誤り）
- 診断を間違ったため処方も間違っている（今期売上を積み増しする施策としてブランディング広告はマッチしない）
- 結果として今期売上は増えない
- ブランディング施策が悪いのではなく、診断と処方が間違っているから望む成果（今期売上）が得られなかっただけ

［ケース3］

　診断は合っているが、処方を間違ったため成果が出ないケース。

［例］

- 診断：既存顧客のロイヤルティは高い。うちの問題は認知が低いことだ
- 処方：バズキャンペーンで認知を上げよう
- 結果：認知が上がらない
- 解釈：バズキャンペーンなんて意味ないじゃないか！

［解説］

- 診断までは合っていた
- 堅実に認知度を上げるのなら広告を打つべきだった（処方の誤り）
- 結果として認知は上がらない

- バズキャンペーンが悪いのではなく、処方を間違ったから望む成果（認知向上）が得られなかっただけ

［ケース4］

　診断も処方も合っていますが、薬の効能効果（≒KGI設定）を正しく知らないため、解釈を誤るケース。

［例1］
- 診断：CPA上昇に歯止めがかからない。潜在客の育成にも着手すべきだ
- 処方：コンテンツマーケティングに取り組もう
- 結果：今期の売上は増えていないぞ
- 解釈：コンテンツマーケティングなんて意味ないじゃないか！

［解説］
- 診断も処方も合っている
- コンテンツマーケティングの成果が出始めるまでは少なくとも半年から1年はかかるので、KGIは短期ではなく中長期で定めるべき（KGIの誤り）
- コンテンツマーケティングが悪いのではなく、期待する成果の時間軸が間違っているだけ

［例2］
- 診断：認知を上げる必要がある
- 処方：テレビCMを打とう
- 結果：今期の売上は増えていないぞ
- 解釈：テレビCMはオワコンだな！

［解説］
- 診断も処方も合っている
- テレビCMで認知も上がった
- 今期売上が増えない主要因には、ストアカバレッジの低さ（買いたくても買えない）や、パフォーマンス評価の低さによるリピート売上の低迷も影響していた
- テレビCMが悪いのではなく、「広告効果＝マーケティング効果」と誤っ

て認識していることが問題（広告はマーケティング活動のひとつに過ぎない）

［ケース5］

診断も処方も合っていますが、残念ながら望む成果が得られなかったケース。

［例］
- 診断：マス広告で認知は十分取れてきたが、興味喚起が足りていない
- 処方：マスPRに取り組もう
- 結果：期待するほどの露出は得られなかったな
- 解釈：今回の結果から学び、次回はもっと企画の工夫をしよう

［解説］
- 診断も処方も合っていたが、望む成果は得られなかった
- しかし、課題と解決策は合っているため、この「失敗」は「悪い失敗」ではなく「良い失敗」である
- トライアンドエラーを続ければ、いずれ良い成果が出る可能性がある

［ケース6］

診断も処方も合っていて、かつ望む成果が得られた最も理想とするケース。

［例］
- 診断：うちはいままで広告を打ったことがない。まずは堅実に「いますぐ客」の獲得から始めたい
- 処方：リスティング広告に取り組もう
- 結果：期待する成果を得ることができているな
- 解釈：始めてよかった。PDCAを回しながら少しずつ予算を増額しよう

［解説］
- 診断も処方も合っていて、望む成果が得られた唯一のケース

効果測定の前に診断と処方の正しさを検証しよう

このようなズレが全国津々浦々のマーケティングの現場で毎日大量に発

生しており、そのたびに一生懸命仕事に取り組んだ関係者の落胆と断罪が行われています。「話題の○○に取り組んだのに、ぜんぜん売上があがらないじゃないか！」「期待する成果が得られずガッカリだ」「○○（施策）なんてやるだけ無駄だった」といった「解釈」の多くは、薬（施策）のせいではなく、そもそもの問題、つまり診断と処方の間違いから生まれています。

　これらすべての問題を解決することは容易ではありませんが、「ちゃんとした知識」を身につければ、これらの不幸は確実に減らすことができます。

「失敗」はKGI設定の間違いから生まれる

　本章の冒頭で示した通り、「なんだよ！　ぜんぜん効かなかったじゃん！」という「誤った解釈」は、KGI設定の間違いから生まれることが少なくありません。解釈は対目標の予実（予定と実績の差）によって行われますが、そもそも目標自体が間違っているケースが多いのです。

　説明書に「この接着剤は30分で固まります」と書いてあり、そしてそれをしっかり読んで正しく理解していれば、30分後に接着されたかどうかで効能効果を判断することができます。しかし、マーケティングコミュニケーションの施策には、効能効果が明記された確たる説明書が存在していません。各手法には「何ができて」「何はできないのか」、客観的事実に基づく効能効果が示された説明書がないのです。

　説明書がないのは新しい手法だけではありません。多くの企業が数十年にわたって行っているテレビCMのような伝統的な手法においても、未だに「テレビCMを打ったのに売上があがらない」と、広告効果とマーケティング効果を混同した解釈ミスがそこら中で起こっています。

　当たり前の話ですが、「それぞれの施策のKGI」は「その施策（薬）の効能効果（できること）」と「完全一致」している必要があります。テレビCMなら認知度、パブリシティなら興味喚起・好意や信頼度、リスティング広告なら「いますぐ客」の獲得効率といった具合です。

　それぞれの施策に明確な説明書がない以上、各社、各部署、各個人が施策の成果を正しく解釈するためには、それぞれが正しい知識を身につける

ほかありません。それぞれの薬（施策）の効能効果、つまり「できること」と「できないこと」は、本書で紹介した売上の地図、ファネルマップ、そして第7章にまとめた通りです。この薬は何に効くのか、そして何には効かないのか、これから施策を検討する際に参照してください。

「健康になる薬」は存在しない

　何度もお伝えしている通り、この世には「どんな病気も一発で治せる万能薬（どんなマーケティング課題も一発で治せる万能施策）」など存在しないため、病気を治すためには「病気を正しく診断」し、「その病気を治すことができる最適な薬を飲む」しか方法はありません。

　頭痛を治すための頭痛薬、胃痛を和らげるための胃腸薬はあっても、「健康になるための"健康薬"」は存在しません。つまり、「認知度の向上に効く薬」「興味喚起や好意度の向上に効く薬」「いますぐ客の集客に効く薬」はあっても、**「売上に効く薬」は存在しない**のです。

　売上の地図で示した通り、売上に影響を与える要因には、売り場や想起、プレファレンス（価格、ブランド・エクイティ、製品パフォーマンス）、広告、PR、ソーシャルメディア（UGC、レビュー、インフルエンサー）、検索、オウンドメディア、販促、販売員、それ以外にもロイヤルカスタマーの顧客基盤、流行、景気や天候や気温など様々なものがあります。これらの変数が複合的な入力構造を形成し、最後に売上という最終出力が行われます。

　つまり、**「健康な体（＝売上）」は、「各症状に応じて飲む複数の薬（＝施策）」が構造的に効いた結果として得られる**のです。

　広告で認知が上がり、買いたくなっても、売り場に置いていなければ買うことはできません。パブリシティに触れて興味がわき、試しに買ってみてもおいしくなかったらリピート売上はあがりません。ECでの検索順位が低ければ見つけてもらいにくいし、欲しくても価格が高ければ買われません。レビューが少なければ人気がないと思われ、評価が低ければトライアル購入率は低くなります。自社がどんなに頑張っても競合が強ければ買ってもらえないですし、景気が悪ければ売上はあがりません。

繰り返しますが、**この世に「健康になる健康薬」がないように、「売上が
あがる売上薬」もありません**。あるのは、個別の病気（＝マーケティング課題）
に効く薬だけです。

　だからこそ、ピンポイントで病気を突き止める正しい診断が最重要なの
です。「なんだか体調が悪いようですね（≒売上があがっていないようですね）」
といった「ざっくりした診断」では、ピンポイントでの（真に正しい薬の）処
方を行うことができません。診断の精度は「特定の病気を治す薬」と同じ
解像度まで上げる必要があります。「風邪→風邪薬」ではなく、「風邪→喉？
咳？　痰？　鼻水？　鼻詰まり？　熱は？　お腹の調子は？　いつか
ら？」くらいはブレイクダウンし、ピンポイントで効く薬を飲んだ方が早く
良く効きますし、効果を測定するのも簡単なのは当然なのです。

「売上」をKGIにしてはならない

　売上は、広告・PR・販売促進に代表されるマーケティングコミュニケー
ションだけでなく、商品開発、適切な価格政策、売り場（ストアカバレッジ、
棚割り、デジタルシェルフ）など、お客様に買っていただくために行う全事業
活動の最終出力結果です。

　第4章で説明した通り、**各部署が持つべきKGIは、売上ではなく、「売上
の直前にあるコミュニケーション指標」かつ「自部門の努力で可変な（変え
ることができる）指標」**であるべきです。

KGI（目的）とKPI（手段）

　効果測定の基本は、KGIとKPIを明確に分けることです。広告効果測定
や広報効果測定の「モヤモヤ」が解消されない要因は、KGIとKPIを分け
ていないこと、またはKGIを設定・測定していないことです。KPIは、業
績に影響を与える重要指標ではあるものの、あくまでも中間指標であり、
それ単体が目標を達成したとしても「だから何なの？」という指標です。た
とえば、SNS公式アカウントの運用成果を測る指標として、多くの企業は
エンゲージメント（数や率）を採用していますが、「いいねやコメントなどの

エンゲージメント（KPI）が向上した」という事実は、そのままでは「そりゃ低いよりも高い方がいいんだろうけど、だから何なの？」となりがちです。

広報効果測定でも、記事の掲載（露出）数や想定リーチが「広報効果」として活用されていますが、「記事の露出が多かったから何なの？」、「想定で300万人にリーチした。多くてよかったけれど、だから何なの？」と聞かれたら答えに窮してしまいます。理由は、これらはすべてKPIだからです。

効果測定の「モヤモヤ」を解消するためには、すべての施策においてKGIを設定・測定する必要があります。エンゲージメントを向上させることによって何を達成したい（したかった）のか？　パブリシティによる記事の掲載（露出）を増やすことによって、誰のどんな意識や態度や行動を変えたい（変えたかった）のか？　それに対する答えがKGIです。

SNSの公式アカウントなら、ファンやフォロワー（KPI）が増え、エンゲージメント（KPI）が向上することによって、ブランドの想起率や好意度や購入意向（KGI）が向上することで、LTV（参考指標）に影響を与えているかどうかを検証することが効果測定のあるべき構造となります。

また、採用広報であれば、掲載された記事の本数やリーチ、採用コンテンツのPVやUU（KPI）が、ターゲット（学生や中途採用市場）における自社の認知や好意、応募意向や入社意向（KGI）の向上に効いたのかどうかを測定するのです。

なぜ多くの企業がKGI測定をしないのかと言うと、KPIの多くは無料かつ機械的にデータを取得できるため測定が容易であるのに対し、**KGIの多くは消費者やユーザーの認知、興味、好意、信頼、意向といった意識・態度に関するものであるため、アンケート調査を行わなければ取得できない**からです。アンケート調査には手間と費用がかかるため、多くの企業はKPI測定だけで効果を検証しようとし、結果としていつまでも「だから何なんだろう……」という「モヤモヤ」が解消されないのです。

費用対効果と投資対効果

多くの企業の中で、「……で、それやったら売れるの？」という愚問がな

くならない理由は、「費用」と「投資」をごちゃまぜにしているからです。両者は、言葉が違う通り、意味がまったく違います。

第1章で解説した通り、マーケティングを「売上につながるまでの時間軸」で分類すると、「今日の売上の収穫」と「明日の売上の種まき」の2つに分類することができます。「今日の売上」を獲得するために「顕在顧客（＝いますぐ客）」を「効率的」に「収穫」する施策が「費用的施策」であり、それらは「費用対効果（ROMC：Return On Marketing Cost）」で成果を測るべきです。一方の「明日の売上」を獲得するために「潜在顧客（＝そのうち客）」を「効果的」に「育成」する施策は「投資的施策」であり、それらは「投資対効果（ROMI：Return On Marketing Investment）」で成果を測るべきです。前者は販促施策（Sales Promotion）で、後者はブランディング（Branding）と言えます。

掃除機が壊れてしまった人（ニーズが顕在化した「いますぐ客」）は、真っ先に検索をします。そのため、それらの顧客を獲得するためにGoogleやYahoo!にリスティング広告を出稿することは、費用的施策に該当します。一方、掃除機が壊れる前から潜在顧客（そのうち客）のZMOTにアプローチし、ニーズが顕在化した瞬間に自社のブランドを真っ先に想起してもらえる状態にブランディングしておくことは投資的施策となります。

費用は「お金の投下を始めた瞬間から効果が出始め、お金の投下を終えた瞬間に効果が（ほぼ）ゼロになるもの」で、投資は「お金の投下を始めてもすぐに効果は出ないが、お金の投下をやめても効果が一定期間残るもの」です。

チラシやリスティング広告はすぐに効果が出て、出稿をやめたら効果はほぼゼロになります。一方、テレビでのブランディングCMや大規模なイベントなどは、すぐに（今期中に）投下コストに見合ったリターン（売上）が得られるわけではありませんが、ブランド価値が蓄積されることで、中期にわたって売上をあげる可能性を向上させるでしょう。どちらが良い、悪いではなく、役割が違うのです。

現在のマーケティング課題に応じて、費用的施策と投資的施策の最適なバランスを組み立てることが大切なのです。

おわりに

　いまから24年前の2000年当時、私の車についていたカーナビゲーションシステムはCD-ROMに焼かれた地図データを読み込む形式でした。逐一新しいCD-ROMに買い替えないと、新しくできた道が反映されず、ナビの画面上で道なき道を直進するなんてことが珍しくありませんでした。いまやGoogle Mapがリアルタイムで地図情報を更新してくれて、かつそれを実質無料で使うことができるのですから、この20年で起こった技術革新には目を見張るものがあります。

　街や道路の地図だけでなく、マーケティングにおける環境変化のスピードも年々早くなり、業界やヒット商品の地図はどんどん書き換わります。道があったところに道がなくなり、道がなかったところに新しい道ができます。過去の建物は老朽化し、新しい建造物が次から次に現れます。以前の目印がなくなり、自分がいまどこにいるのか、どこへ進めばいいのか、わからなくなってしまいます。

　地図を更新している最中に、制作中の地図が古くなるこの時代に必要なのは、じっくり時間をかけて正確に測量した地図を作ることではなく、俯瞰した目で全体感をざっくり把握し、進むべき方向性と、進んではならない深い森や崖を避けながら、常にゴールから目をそらさずにルートの修正を加え続けることだと感じます。

　100点を取ることを諦め、80点を取りに行く。

　その代わり、猛烈な環境変化の中でも毎回80点を取る再現可能性を高める。

　それこそが本書で伝えたかったことです。

　不確実性の高い時代に我々が注意すべきことは、「いま何をすべきか？」という次の一手を考えることと同じくらい、「何はやらなくてもいいか？（やるべきではないか？）」を決めることです。

　既存のやり方に閉塞感があるとき、私たちは「新しいもの」に心を奪われがちです。「次の新たな一手こそ、現状の課題を解消してくれる救世主だ！」と飛びつきたくなります。しかし、本書でも再三にわたって述べてき

た通り、そのほとんどの意思決定は正しくありません。

　施策は、ひとたびやると決めてしまうと、多くの稼働と多額の予算を　使います。広告宣伝費や販促予算は販管費ですから使わなければ全額が利益となりますし、稼働する社員の人件費だってバカになりません。使ったからには、使った費用を上回る「利益」を得ない限り「やらない方が得だった」という結果になってしまいます。

　この世に「競合のいない市場」なんて存在しませんから、すべてのレースは競合との競争です。自社が立ち止まっていたり、逆走している間も、競合は前に進んでいるかもしれません。鍛え上げられたアスリートによるレースの勝敗が零コンマ数秒の僅差で決するように、超高度に成熟化を極めたマーケティングの競争も「ほんの少しの差」によって勝敗が決まるのです。そんな環境下においては、「やらなくていいことに時間と予算を割いてしまう意思決定のミス」が、致命的な敗因になりかねません。

　だからこそ、「やる」意思決定と同じくらい「やらない」意思決定を大切にして欲しいのです。マーケティングの現場には、不要な、または意味のない施策が多すぎます。社内でも外部パートナーとでも、「この施策はやるべきではありません。なぜならば……」という「正しい議論」をもっとするべきです。

　正しい議論のためには、俯瞰の目が必要です。

　俯瞰の目で地図を眺め、行き止まりだらけの迷路の中に、ゴールに至る1本のルートを見出し、時間、アタックするチーム、装備や予算を適切に配置する。さらに、進む途中でも迷路の道が常時書き換わるため、適宜高所から全体感を把握しながら、ズームインとズームアウトをして作戦を練り直す。そんなことが求められているのだと思います。

　私は2024年1月で51歳になりました。社会人歴29年。そのうちの25年をマーケティング業務に投じてきました。その経験を通してわかったことは、この広大なマーケティングの世界で、誰もが使える汎用的な地図やスキームを、たったひとりの人生でまとめることなど、到底不可能であることです。

　本書で書かれていることは、先人の知恵を借りながら、私が25年のマーケター人生で学び、経験してきたことの「現時点でのまとめ」です。ひと

りの人間が、1回きりの職業人人生で経験できる量には限りがあるため、誤っている解釈も少なくないかもしれません。

　それでもなお本書を書こうと思ったのは、たとえ不完全なものであっても、皆さんよりも少しだけ先まで行き、自分なりに試行錯誤をして、私なりに見えてきた「俯瞰の景色」を抽象化してお伝えすることで、皆さんに何かしらのヒントを提供することができると考えたからです。

　顧客ニーズ、商品カテゴリー、競合、時代、テクノロジーの進化などにより、マーケティングには、セオリーはあっても正解はありません。今日の正解（成功）は、明日は不正解（失敗）かもしれません。だからこそ皆さんは「これが正解だ」と「答え」や「近道」を見つけようとするのではなく、目の前にある情報はすべて「考えるヒント」「目の前の現象を解釈するひとつの枠組み」と捉えていただきたい。

　本書を読み、「なるほど」と思っていただけた箇所と、「そうかな？」と感じた箇所は、どちらも同じくらい貴重な「あなたの考え」であり「あなたの意見」です。誰も答えを持っていない時代、勝利を手にするのは「正解に最も近づいた者」です。そしてそれは「誰かに与えられた答えのようなもの」ではなく「あなた自身が自分の頭で考え、導き出したあなただけの一手」から生まれるのです。

　こんなにおもしろい時代に、マーケティングを仕事にすることができて、私たちは幸せ者です。せっかくなら、この大激動時代を大いに楽しんでしまおうじゃありませんか！

　最後に謝辞を。

　本書に記した内容は、過去に広告やPR、マーケティングなどの業界で活躍された先人の経験と英知に支えられています。そして25年にわたり、未熟な私にマーケティング実務の機会を提供してくださった数多くのクライアントに心から感謝申し上げます。

　また、本書企画の段階からサポートしてくださった落合絵美さん、稚拙な私の原稿に粘り強く対応してくださり、またイラストを活用し「わかりやすさ」を高めてくださった編集者の坂口玲実さんにも心からの感謝を。本当にありがとうございました。

　そして17年にわたって「マーケティングの力で、より良い社会をつくる」

道を共に歩んできてくれたトライバルメディアハウスのスタッフの皆さん。みんながいたから、多くのマーケティング課題に立ち向かうことができました。いつも本当にありがとう。

　自身も仕事に子育てに毎日忙しい中、執筆を応援してくれた妻へ。夜間や休日、執筆に集中する時間をつくってくれてありがとう。いつも感謝しています。5歳になったばかりの息子へ。マーケティングはおもしろいぞ！

　最後に読者の皆さまへ。最後までお読みいただき、ありがとうございました。本書が皆さんの思考と行動に刺激を与え、マーケティング実務での成果創出と、マーケターとしての仕事の「やりがい」や「おもしろさ」を再認識する一助になれたら、これ以上嬉しいことはありません。共にこの激動の世を楽しみましょう。ありがとうございました！

2024年1月
鎌倉稲村ガ崎の自宅にて
株式会社トライバルメディアハウス
代表取締役社長　池田 紀行

索引

英数字

C/Pバランス理論 ················· 22

CEP

　→ カテゴリーエントリーポイント

CPA ································· 39

CPC ································· 41

CRM ································ 102

CTR ································· 52

CVR ································· 49

Earnedメディア ·················· 85

Evoked Set　　　　→ 想起集合

FMOT ······························ 175

KGI（重要目標達成指標）

··························· 5, 259, 261

KPI（重要業績評価指標）····· 4, 261

LINEマーケティング ············ 248

LTV ································· 53

MOT　　　　　　→ 真実の瞬間

NPS ································· 116

OOH ································· 216

PR ·································· 97

PRのピラミッド ·················· 164

PV ································· 60

ROAS ···························· 39, 219

ROMC ···························· 39, 263

ROMI ···························· 39, 263

Sharedメディア ·················· 85

SMOT ······························ 175

SNS広告 ···························· 234

SNS公式アカウント ··········· 75, 232

TMOT ······························ 175

UU ································· 60

Webサイト ························ 240

ZMOT ······························ 175

あ・か行

イベント ···························· 230

いますぐ客 ····················· 34, 149

インフルエンサーマーケティング

··························· 83, 236

売上の地図 ························ 138

オーガニックCAC ················· 99

買回品 ························· 72, 148

拡散 ································· 77

カテゴリーインフルエンサー ········ 88

カテゴリーエントリーポイント（CEP）

································· 166

機能的ベネフィット ·············· 147

交通広告 ···························· 216

コンテンツマーケティング

··························· 50, 228

さ行

自己実現ベネフィット ················· 147

システマティック処理 ················· 148

重要業績評価指標　　　　　　 → KPI

重要目標達成指標　　　　　　 → KGI

情緒的ベネフィット ················· 147

商品カテゴリーマトリクス ········· 72

真実の瞬間（MOT）················· 174

スマホアプリ ································· 250

セールス ··· 19

戦略PR ································· 93, 224

想起集合（Evoked Set）········· 154

そのうち客 ····························· 34, 149

た行

タイムライン型UGC ················· 242

ダブルジョパディの法則 ········· 161

ディスプレイ広告 ····················· 218

テレビCM ································· 214

店頭マーケティング ················· 246

動画広告 ······························· 42, 220

動画マーケティング ··················· 42

トップインフルエンサー ··········· 88

トライアル売上 ························· 145

トライアル購入 ··························· 21

は行

バズキャンペーン ··············· 67, 222

バズマーケティング
　　　　　　 → バズキャンペーン

パブリシティ ··························· 94, 226

ヒューリスティック処理 ············· 148

ファンコミュニティ ··················· 109

ファンマーケティング ········· 102, 252

フィジカルアベイラビリティ ······· 152

ブランド・エクイティ ··········· 79, 160

ブランドインフルエンサー ··········· 88

ブランドリフト ··························· 215

プレフェレンス ··············· 158, 163

ペイドCAC ································· 99

ま・ら行

マーケティングコミュニケーションの
　 目的 ······································· 25

マーケティングとは ··················· 18

メルマガマーケティング ··········· 248

メンタルアベイラビリティ ··········· 152

最寄品 ································· 71, 148

リスティング広告 ··············· 34, 238

リピート売上 ····························· 145

リピート購入 ······························· 21

レビュー型UGC ····················· 244

ロイヤル化 ································· 193

著 者 略 歴

池田 紀行（いけだ のりゆき）

株式会社トライバルメディアハウス
代表取締役社長
1973年 横浜出身。ビジネスコンサルティングファーム、マーケティングコンサルタント、クチコミマーケティング研究所所長、バイラルマーケティング専業会社代表を経て現職。300社を超える大手企業のマーケティング支援実績を持つ。日本マーケティング協会マーケティングマスターコース、宣伝会議マーケティング実践講座 池田紀行専門コース講師。年間講演回数は50回以上で、延べ3万人以上のマーケター指導に関わる。『売上の地図』（日経BP）、『次世代共創マーケティング』（SBクリエイティブ）、『ソーシャルインフルエンス』『キズナのマーケティング』（アスキー新書）、『自分を育てる「働き方」ノート』（WAVE出版）など著書・共著書多数。
X（旧Twitter）：@ikedanoriyuki
note：https://note.com/ikedanoriyuki/
＝＝

　トライバルメディアハウスでは、マーケターの「知る→わかる→できる」を支援し、マーケターの成長やキャリアアップを実現するためのオンライン無料学習サービス「MARPS（マープス）」を提供しています。マーケティング担当者が抱える、現場で発生しがちな課題解決を助ける学習プログラムを無料で提供していますので、興味がある方は利用してみてください。

MARPS（マープス）

https://marps.tribalmedia.co.jp/

また、マーケティング戦略でお悩みの企業様へ、売上の地図やファネルマップをベースとしたコンサルティングサービスも提供しています。「何をやるべきか」と同じくらい、「何はやらなくて良いか（やるべきではないか）」を一緒に考え、貴重な時間、社員の稼働、広告予算などの無駄遣いをなくす支援を行います。興味がある方は下記からお問い合わせください。

トライバルメディアハウス公式サイト

https://www.tribalmedia.co.jp/

ブックデザイン	三森 健太（JUNGLE）	
イ ラ ス ト	岡田 丈	
Ｄ　Ｔ　Ｐ	株式会社 シンクス	

マーケティング「つながる」思考術

「こんなはずじゃなかった」と決別するために
知っておくべき売上に至るまでの「点と線と面」

2024年1月17日 初版第1刷発行
2024年3月5日 初版第2刷発行

著　　　　者	池田 紀行（いけだ のりゆき）	
発　行　人	佐々木 幹夫	
発　行　所	株式会社 翔泳社（https://www.shoeisha.co.jp）	
印刷・製本	株式会社 ワコー	

© 2024 Noriyuki Ikeda

Printed in Japan